府谷文史　第34辑

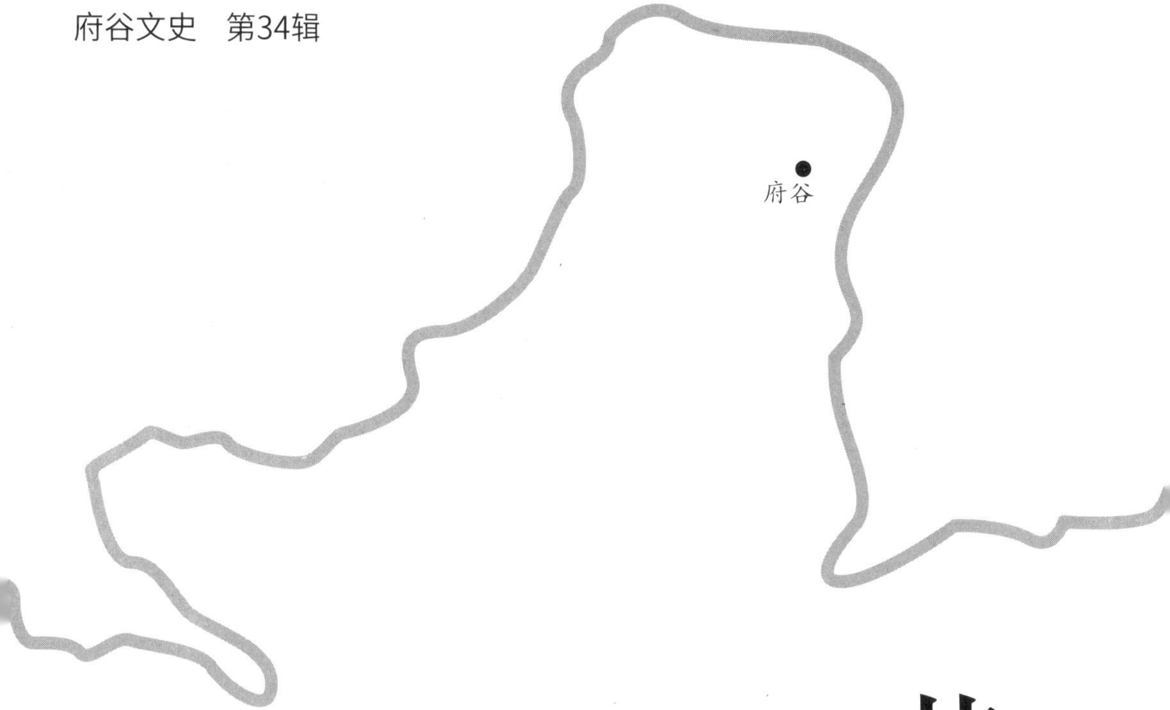

黄河脚下流

府谷人文地理与方言初探

中国人民政治协商会议陕西省府谷县委员会　编

陈出新　著

華文出版社
SINO-CULTURE PRESS

图书在版编目（CIP）数据

黄河脚下流 ：府谷人文地理与方言初探 / 陈出新著；中国人民政治协商会议陕西省府谷县委员会编. -- 北京 ：华文出版社，2024.10

ISBN 978-7-5075-5685-8

Ⅰ. ①黄… Ⅱ. ①陈… ②中… Ⅲ. ①人文地理－研究－府谷县②西北方言－方言研究－府谷县 Ⅳ. ①K924.14②H172.2

中国国家版本馆CIP数据核字(2024)第068628号

黄河脚下流——府谷人文地理与方言初探

著　　者：陈出新
编　　者：中国人民政治协商会议陕西省府谷县委员会
责任编辑：袁　博
出版发行：华文出版社
地　　址：北京市西城区广外大街 305 号 8 区 2 号楼
邮政编码：100055
网　　址：http://www.hwcbs.cn
电　　话：总编室 010-58336210　编辑部 010-58336279
　　　　　发行部 010-58336267　010-58336202
经　　销：新华书店
印　　刷：三河市航远印刷有限公司
开　　本：710mm × 1000mm　1/16
印　　张：14.25
字　　数：200 千字
版　　次：2024 年 10 月第 1 版
印　　次：2024 年 10 月第 1 次印刷
标准书号：ISBN 978-7-5075-5685-8
定　　价：68.00 元

编委会

作者介绍

陈出新，1959年11月出生于陕西省府谷县清水镇。1982年7月毕业于陕西师范大学中文系，先后任教于榆林学院、渭南师范学院。2014年开始写作，内容涉及文史、方言研究。出版散文集《山榆笔记——长城内外是我家》。

序

陈出新先生的著作《黄河脚下流——府谷人文地理与方言初探》，将府谷写为一座融汇黄河、长城、农耕、游牧、走口外等诸多文化元素的大熔炉，可谓鼎力之作。

陈出新先生的笔触纵横捭阖，溯源穷流，为一家之言。书中讲述的寨山史前石城遗址、清水枣林峁古墓葬群、明长城的墩台与营堡、走口外兴起的商贸重镇，体现了府谷的历史悠久、文化厚重，以及府谷在中华民族发展史上的重要地位；书中描绘的胡桥沟、大石山、清水川等自然风光和人文景观，体现了府谷山川地貌的雄浑壮阔、人文精神的宽厚豪迈；书中谈到的酸粥、拌汤等茶饭，以及二月二炒豆豆等民俗风情，体现了府谷人向善、向美、向精致的情怀流彩；书中述说的民间传说故事，更是引经据典，体现了府谷文化的传奇色彩。

本书涉及多个领域，而不局限于一地，不拘泥于一时，将府谷放置在大河上下、五湖四海的格局中，放置在中华民族上下五千年文明中，理明情真地诠释府谷人挺身捍卫长城、黄河的奋勇果敢，诠释府谷人稼穑、牧养、营商以追求幸福的坚韧顽强，诠释府谷人不畏艰难走口外对河套地区开发的卓越贡献，诠释府谷方言的源远流长与不同凡响。本书将府谷视作一座深层次的文化富矿，通过优美的文风、独特的视角，让府谷依托文化的积淀延伸，光耀神州。

专注于地方文史资料的发掘、采集及研究，一直是府谷政协工作的重中之重。《黄河脚下流——府谷人文地理与方言初探》一书的出版，足以见证府谷政协文史工作成绩斐然，同时也有助于推动府谷文史研究更上一个新台阶，借此扩大府谷人文历史的影响，讲好府谷故事，为推动社会主义文化事业的繁荣发展，贡献府谷人民的绵薄之力。

最后，我谨代表府谷县政协向陈出新先生和挖掘、整理、宣扬府谷文化的各界朋友，表示最衷心的感谢！

府谷县政协主席　尚建林

2024年8月1日

目录

人文历史篇

人文述史

地方探秘

人文历史篇

人文述史

府谷是一座文化富矿

府谷是我出生、成长的地方，这里的一山一水、一草一木都很亲切，刻有我难以忘怀的印迹。打从在清水读小学、初中时起，我就有一个梦想，要用文学来书写我美丽的家乡，让全中国的人知道作为府谷人的骄傲：那里阳光明媚，空气新鲜，山清水秀；那里有长城环抱、黄河滋润；那里的人民聪明、善良、勤劳、勇敢；那里到处是千年古镇、历史名城，那些随处可见的墩台、烽堠及散落在村镇的大小寺院道观、戏楼、明清建筑、高门大户院落等，一同见证着府谷在农耕和游牧交汇中的独特地位。同时，它的方言更印证了府谷区域从来就是华夏文明的发源地、创造地和保留地。1978年10月，我从麻镇中学考入陕西师大中文系，经过在陕西师大、杭州大学、天津师大总共6年的深造研习，我为家乡写作、为家乡筑梦的信心和决心就变得更加坚定。

我离开府谷到现在整整四十年。四十年来，我奔波于榆林与渭南之间任教、写作、研究。我的学生遍及全国各省（自治区、直辖市），各行各业，数量千万。我的文章发表虽少，但是，影响可谓深入读者心灵。总之，无论是学生还是读者，都会记起在中国的北边有一个府谷县，那里的山川地理奇特，人文历史厚重，是一个人杰地灵的形胜之重地。我在课堂上的讲授和文章的展开始终不脱离一条主线，即凸显府谷的深厚历史底蕴。四十年来，我一直心存热念，希望能回到府谷，站在父老乡亲、师友同学面前，面对面用家乡的语气、家乡的热情和家乡的口语开诚布公地和大家做一次交流，将我对家乡的热爱和热切的探索，成熟地或不成熟地呈现在家乡方家面前，供批评指正，共同为府谷的荣誉添砖加瓦。

有两个问题供大家参考：一是如何看待府谷文化；二是如何看待府谷方言。作为偏远山区地带的人，面对日益开放的世界，如果不从文化上提升家乡的地位，无论如何，我们是很难被别人很快地接纳、认识的。外出上学或寻地而居，因为文化、习俗的不同，可能长时间不能融入当地，有时可能还会被误解。如何看待我们的文化和语言，关乎我们自信心的提升，关乎我们对历史的责任，更涉及府谷人在中国、在世界的形象问题。

府谷文化随着文明之光而起，随着历史之迹而传，府谷始终体现着华夏文化的开放、礼乐、勇敢和睿智。那么，我们该如何正确看待和深入了解府谷的文化？我认为应从以下三个方面着手。

第一，府谷地处黄河中游西岸，它的北、东、南被河环绕，称得上是黄河母亲的嫡系亲生。众所周知，亘古以来，中华民族的休养生息、文明发展、国家强盛、人民幸福等，都离不开黄河母亲的哺育，离不开黄河宽广胸怀的赐予，离不开黄河强壮身躯的保障。身处华夏大地，几千年来，先人们所有的活动都围绕着黄河两岸展开，至于中华文明、文化的孕育更是集中在黄河彩带般的环绕中进行，最典型的地区莫过于被称作河套的腹地。可以毫不夸张地说，中华文明中，无论是草原文明还是农耕文明，都离不开广大河套地区的影响和贡献。而府谷又属于东南连接农耕文明的中原正统和西北通往中亚、欧洲游牧文明的结合部。故而，府谷是农耕与游牧文明的集散地，是中华文明孕育、诞生和交流的腹地。地利优势决定了府谷的不同凡响，决定了府谷必须在中国版图上引人注目。历史上如此，随着祖国的日益强盛，今天更是如此，如最近几年沿黄公路的开通，不仅全世界予以关注，就连我们这些生活在其中的人也不免对它刮目相看。

第二，府谷深入河套腹地，紧贴母亲黄河，自古以来，它既是中华民族的一部分，也是中华文明的传承者；关键时刻，它还是中华文明的捍卫者，是民族兴衰的见证人。可以这么说，府谷在历史上的强弱从侧面反映着中华民族过去的强盛与衰败。正如陈寅恪先生所言，周边民族的动荡或安定直接影响着以汉人为主体的中原王朝的强盛与否。府谷在历史上的地位和作用，每到中原王朝生死攸关之时就得到凸显。

中国历史上大部分战役都发生在西北，目的是控制河西走廊，保障丝绸之路的畅通。还有一部分战争发生在大青山、乌拉尔山沿线，也即黄河的北岸。而且，这两个看似相隔甚远的地方，它们的命运往往是相辅相成的。守不住西域，河套也难保。河套地区安宁，西域就无忧。

宋朝以前，丝绸之路决定着中原与中亚之间的联络和商道的经济命脉，同时也是其他民族截击汉人的关隘。若被切断与外界的经济与政治联系，不仅会导致民生凋敝，还会使自身的地位受损，在政治上陷于孤立。所以，历代有作为的朝廷都将丝绸之路列为对外战略的重中之重。而对河套北岸的经营则纯粹是职责所在，命关国家之荣辱。从春秋末期开始，晋国就开始统御河套地区。秦始皇统一六国，更是将河套纳入国家版图，设立上郡，治所朔方，将全国三分之一兵力置于其间，直道通达，并派太子扶苏和大将蒙恬镇守。以秦王朝开辟的边界为蓝本，河套之外，大青山南麓、黄河之北岸就是汉人涉足的基本界限。这也就是汉朝的公孙敖（公元前105年）和唐朝的张仁愿（708年）修受降城在黄河北岸的原因所在。

黄河北岸是中原王朝的正统边界，事实上，那一带由于紧邻游牧民族，也是他们成长壮大之摇篮，是通往中原富庶之地的必经之路。故而，河套之外那一带对汉王朝而言，往往是丢弃的时间比占有的时间要多得多。其命运和河西走廊趋于一致，其对应的朝代强弱也几乎没有什么两样。而国家每到羸弱的危难之时，府谷、神木和准格尔一带组成神圣堡垒，铁壁铜墙就应运而生。它们三面受敌，四处出击，共同的目标就是阻止敌人渡河东去，进入中原腹地。如果说河套以北是中原政权的固有领土边界，那么，府谷一线就成为中原政权命脉的最后底线，也是心理极限。为何宋朝放弃西北大部分领土，而要力保府谷一带不失？因为，失去府谷一带的防守，意味着整个朝廷放弃对淮河以北的统治。

府谷一带在历史上地位之重要，关乎国家社稷的安危，以及汉文明的秩序。在北宋如此，在明朝就更是彰显无遗。记得我在《山榆笔记》里，写《清水的水》时讲过一句话："随着清水城被攻破，17年之后的北京城也被'闯王'李自成攻破，崇祯帝煤山自尽。明王朝灭亡有很多原因，这么一个千里之外的穷乡僻壤的小镇的丢失，也是一个不可忽视的原因。"府谷对明王朝的重要性，大家不仅了解，而且感同身受。看看周边那些城墙堡寨，那些大小高低的墩台烽堠，绝不能因为它们有点颓败就忘记其在整个民族、国家历史上的崇高与庄严。明长城延绥段三十六堡，府谷独占六堡，东起墙头，西讫永兴堡，而且级别都是营守，延绥治所设高家堡，副总兵常驻孤山营。

有关明朝国防卫所制及陕西总督与延绥镇的地位提升，具体到府谷一带的防卫是先有城堡、墩台还是先有长城等，我曾写有《墩台漫话》一文，发表在《渭南师范学院学报》。我认为，明初一百年间，国势强大，北部边界仍在唐朝受降城的黄河北岸，他们在那里筑城建墙，严守以待，充分表明，他们仍认定秦汉唐朝的边界为中原王朝的界限。后来，随着鞑靼、瓦剌的不断壮大，尤其是经过“土木之变”，英宗被俘，朝廷彻底放弃了“设东胜城于三（受）降城之东，与三（受）降城并。东联开平、独石、大宁、开元；西联贺兰山、甘肃北山，通为一边。地势直，则近而易守”的防御，进而提升陕西总督的地位，加强延绥道的正面作战能力。府谷一带的堡城、墩台大多修建于成化年间，后来大规模修造城墙、壕堑是因为瓦剌军犯南成为常事，就像“走亲戚”一样频繁，不修墙以阻挡，国家就难以成体统。当然，这两道城墙的坚固还不得不以互市作为保障，否则还是不得安宁。“金黄甫”是因国家对外政策转变及国防军事力量的转弱而生成。延绥战线的建成在军事上并没有达到期许的目的，敌人照样来去自如，关键是造成国家财政不堪重负。所以，朝中一品大臣、曾经做过陕西总督的曾铣就极力主张“复套”，也即重新夺回三受降城关隘，恢复黄河北岸边界。结果，他的这一主张首先遭到以延绥道为首的军事官员的坚决反对与抵制。想想看，仅府谷境内的城堡、墩台、营寨及长城的维修，连带人员骡马，这是多么大的一笔开销，从中渔利犹如探囊取物，轻而易举。这场攸关国家存亡的大事涉及私人利益之争，最终以曾铣灭族而结束。越剧中有一出《盘夫索夫》很有名，讲的就是曾铣的一个儿子在朋友的帮助下隐姓埋名活了下来，后被严嵩之子严世藩招为东床，里边牵扯到曾铣之子曾荣为其父报仇雪恨，以及仇人之女严兰贞如何保护丈夫的大义行为。另外，明朝的陕西总督权力很大，管理东自大同卫，西达敦煌之外的哈密。后来，随着明朝防御战线的不断后撤，一直到府谷这里稳固为止，陕西总督的地位直线上升，到明中后期，很多重臣都做过陕西总督或陕西总制，而凡是陕西总制又都加太子太保以荣身。像府谷人非常熟悉的洪承畴，在王嘉胤起事时正在陕西总督的位上。

有关府谷在民族危难之时所扮演的重要角色，大家感受最深的恐怕要数发生在八十多年前那场伟大的救国战争。那时，环绕府谷北边的达拉特旗黄河南岸有国民革命军第二十二军伊东抗日游击纵队下辖的五个支队，其中三个支队长由府谷人担任，他们是清水的陈秉义、大岔的郚青云和黄甫的段宝珊。清一色的骑兵师，兵强马壮，战绩卓著，声誉响彻晋陕蒙一带。在府谷的最北——哈拉寨，抗日名将马占山将军连同黑龙江省政府在此坐镇抗日前线八年，确保府谷土地不丢一寸，人民不被奴役。在府谷县城沿河一线，高双成将军第二十二军的一个团长期驻扎，对犯河而侵的日寇给予歼灭。总之，在民族危亡的关键时刻，府谷一弹丸之地、区区之域竟然将西北军、东北军、中央军等全部吸引驻扎于此，肩负国家之重托、民族之希望。可以想见，在宋明时期的五百多年里，府谷在朝廷王公大臣的心里，在来自全国各地的万千将领兵卒的思想中，地位不可替代。所有这些建筑设置、人员往来调动，以及大小战役的鼓擂震响、旌旗飘扬等，都影响到了府谷人民，其附着在人们生活中的天地正气、诗书礼乐使府谷人民善良、勤俭、聪明、勇敢。

第三，府谷自古就沉浸在华夏文明的沐浴中，是农耕与游牧文明交融的天然良埠。游牧文明由这里向中原扩散，农耕文明从这里向草原渗透，从而形成晋陕蒙三省交融于府谷一带的朴实厚道、乐观开放、勤奋刻苦、敢为人先的独特文化风景线。

府谷地界山河交错，土头厚实，适合于耕，更流行于牧，自古以来就是一块文明诞生的天然宝藏、时运福地。

雍正《府谷县志》称府谷“禹贡为荒服，周为藩服”。而考古发现，在中原汉文明兴起的以商周为代表的三千年到三千八百年前，以府谷为中心的广大漠南游牧地区已经进入文明高度发达阶段。同时期的中原农耕文明正逐渐走向成熟，文字刚刚创造，城郭开始扩大，青铜器初具模型。《县志》说三千年前这里为“荒服”或“藩服”，意味着文明之光还没有照临到这里。没有文字记载，不能就此断定这里没有文明的存在。事实上，四千年前的府谷不仅有文明存在，且成熟，是一种在亚欧大草原流行了近两千年的夹杂着中亚古老文明元素的典型游牧文明。就此可以推断，以府谷一带为中心的文明不断向外扩散，不断与隔河相望的、有中华文明源头之称的晋地相融，从而推动了华夏文明不断发展壮大。

有两个例子可以说明这个问题：一是石峁遗址，二是鄂尔多斯青铜器。这两样实证，目前被中外学者公认为中华文明样板的最早和最先进的代表。

石峁遗址发现于1976年，发掘于2012年，后鉴定遗址年代为距今三千八百年至四千三百年。2017年8月，我因参加“晋方言国际学术研讨会”，去那里参观。在参观的过程中，我就有一种直观的判断，即府谷田家寨寨山遗址就是石峁遗址的第一道拱门卫城。后经实物比对、距离测算，我认为这里就是石峁遗址皇城的卫城。据府谷学者张怀树介绍，陕西省文物考古队曾做过鉴定，这里筑城的年代为距今四千六百年前，比石峁筑城早出整整三百年。由此可以判断，在石峁皇城之前，有可能皇城筑在这里，后来才迁入现在的石峁遗址。有关石峁遗址的研究，我曾写过一篇文章，刊登在2018年的《三秦广播电视报》。在那篇文章中，根据出土的器物、城市的规制及建筑风格的讲究与忌讳，我将其与中亚文明古国做了一番比较，包括艺术、金属，以及城市区域的划分与设计，认为石峁为地中海文明与游牧文明结合的典范。

我认为府谷是中华文明最早的创造者和传承者，还有一个有力证据，就是闻名世界的鄂尔多斯青铜器。这些青铜器制作精美，艺术价值很高，被认为是研究草原历史的明证。鄂尔多斯青铜器年代普遍在距今三千五百年前左右，器物的年代和造型都要优于同时期的中原造铜，至于内容方面的多样性，中原青铜器根本无法与之比拟。关于商周青铜铸造的技术来自哪里，现在的看法基本趋于一致，即游牧民族从亚欧文明之邦输入。

鄂尔多斯青铜器出土范围涵盖了整个河套地区。现在府谷地区虽然没有出土三千多年前的青铜器物，但是，石峁遗址出土有四千年前的铜范，或许寨山石城在将来的发掘中会有青铜制作作坊出现，仅此一点就足以说明，府谷早在四千年前就处在中华文明的中心。另外，府谷一带由于身处河套腹地，紧邻黄河东段，所以，从历史的归属建制考察，它向来和神木、准格尔结为一体，唇齿相依，不可分割。历史上，无论是美稷、富昌，还是西河郡，其府治均设在今天的沙圪堵境内，而沙圪堵今天管辖的许多村镇原先属府谷范围。这也是府谷的言语、风俗、饮食、衣着、歌吟自古和晋陕蒙三角地带为一体，而与绥米一带陕北腹地关联不明显之根本原因。因而，鄂尔多斯青铜器完全有理由成为府谷人四千年后骄傲的资本。

总之，通过地理优势、历史遗迹，以及对石峁遗址和鄂尔多斯青铜器的比对分析，充分说明府谷一带对中华民族的重要性，及其文化积淀对府谷人品质的影响。一句话，我们是有资格感到骄傲和值得赞颂的府谷人。所以，我们应该努力、勤奋，刻苦攀高峰，立志为人杰，这样才对得起脚下这块热土，对得起“府谷人”这块招牌！

上文从历史地理和文化的角度谈了府谷在中华文明中不同凡响的独特性。其实，最能证明府谷人的文明程度和文化优越的是我们的“方言”。它就像考古中的三星堆和金沙遗址，让人眼前一亮。我写文章的初衷就是研究府谷方言，到目前为止，我为府谷方言写过两篇文章，其中《府谷方言漫话》在《榆林日报》整版发表，另一篇《清水的话》收录在《山榆笔记》中。《清水的话》是对《府谷方言漫话》的补充，为了说明府谷话的文雅是华夏文明的“正音”，我从《西厢记》中选了三十二个词语和府谷话进行逐句比对，目的只为验证《府谷方言漫话》里我对府谷方言的评价：“走在府谷的沟峁间，你的误会均来自对方的发音。如果把这些写在纸上，你会惊讶，这些不识字的农汉家婆们，都是有着读《诗》背《书》的底功，闻着唐诗宋词元曲明小说的墨香长大的。”

2019 年 1 月 13 日

（本文为2019年1月府谷政协读书会演讲稿，经整理而成。）

我对府谷长城保护的几点认识

作为一个府谷人，我对长城的感情是不言而喻的，注定也是一往情深的。我的第一本散文集副书名就叫“长城内外是我家”，在那本30多万字的集子里，基本骨架是以府谷长城为主线，在近50篇的文章里，我将府谷境内山上梁峁、河流沟底的每一个褶皱所蕴含的历史、文化韵味，及其所折射的时代影响和意义，但凡力所能及就钩沉探赜，稽古释新，生怕府谷境内以长城为代表的曾经的辉煌有任何一点被忽略，被遗漏，被误解，被歪曲。所以，那本书出版后，让更多读者知道府谷有长城，有墩台，府谷人民现在还生活在宋元明清的城堡内、村寨里；他们的处事行为仍然遵循着中华民族传统礼乐常规；他们说话交流所操之语，仍然坚守着唐诗宋词的韵律，说着关汉卿、马致远、白朴和王实甫当年写作时所使用的词句；他们仍然活在《水浒传》《三国演义》《西厢记》的情景中。府谷人身上所展示的神情风貌总是和美大方、俊朗机智、生动精彩、外刚内秀。

2019年，榆林电视台拍摄50集大型纪录片《榆林长城纪事》，府谷段共9集，我作为府谷文化学者全程参与，主要职责是将围绕府谷长城的所有文化遗迹、景点、古镇、历史事件、人物及著名风俗、饮食等，总之是和长城有关联的各种题材，想方设法尽量收到镜头中，凸显府谷就是一个文化的载体，府谷人就是在长城文化熏陶下懂礼识体爱国的人民。一句话，府谷是一座文化富矿，府谷人民生活的这块土地就是一块得天独厚的文化沃土。这也是我废寝忘食地陪伴电视台整整八天的动力所在。当然，在这起早贪黑的八天时间里，我的感想领悟颇多。

在八天的紧张采访中，我除了白天下乡参与拍摄，晚上回来还利用休息时间，将拍摄经历写成文章，题目就叫《拍摄记行》(共六篇)。其实就是随着电视镜头的推进，我又用文字将墙头、黄甫、麻镇、清水、哈镇、木瓜、孤山这些有着千年历史的古镇遗存，翻古越今，剔掘补漏，更凸显了它们昔日的光彩和过去的辉煌。在府谷拍摄结束后，我又以一篇拍摄小结作为对摄制组这些年轻人吃苦耐劳、不畏酷暑日晒的付出的感谢，其实也是代表府谷人民对人家外地专家、编辑、技术人员表示衷心感谢。这篇总结稿加上我的六篇《拍摄记行》后来传到榆林传媒中心，博得中心领导、采编制作员工上下一致的好评，还曾引起榆林媒体界的轰动。后来在纪录片播出的同时，《榆林日报》在“文化览胜”栏目以两个专版分上下两部分全文刊出我的这一组文章。这样就使得榆林电视台这次史诗般的文化工程在府谷段既有电视实录，又有文字叙述，图文并茂全面记录而圆满结束。

可以说，《榆林长城纪事》府谷段的拍摄制作，使府谷境内延绥防线营堡、墩台、大小著名历史遗迹、人物事件得以比较全面完整地呈现，并作为永久史料保存，为后世子孙的研究借鉴提供了丰厚的资料储备。

也许很多人对长城而言只是游客，欣赏观看而已。府谷人则不一样，长城乃是我们的家人。它既没有老去，也不会消瘦，它天天活跃在我们面前，还是那般生动，那般老劲。总之，长城在我们的眼里就是一位永远长寿的老爷爷，我们大家就是他身边的小孩童，一代接一代。他高卧荒凉，却与我们近在咫尺。他不属于谁家哪姓，可大伙都当他是亲人。他是我们的守护、心中的支撑，更是托起希望的脊梁。我常讲：一个遗迹就是一段历史，一个遗迹能将热爱遗迹的人带入历史，这就是历史遗迹的魅力所在。

我们是在长城身边长大的，热爱长城是我们的本性。想象一下，如果没有了长城，我们会失去许多精神气质，会失却艺术创作灵感，损失是很大的。所以，多关心长城，你获得的历史栽培、增加的文明厚重感自然是不言而喻的。

我之所以倡导府谷人不要忽略长城的存在，对长城要有爱戴护惜之敬重，关键是基于以下几点认识。

一、府谷人口中一半以上是守长城、修长城的后裔，其中包括世袭罔替的军户，随军提供后勤保障的官商，大户人家受命迁徙而来的仆夫杂役，游走行商的盐贩、粮贩、日杂小贩，以及大量拖家带口落户的朝廷命官。（比如，黄甫红泥寨王家是成化初年到达；府谷城里的苏家、杨家、吴家、袁家，城外的柴家墕柴家，黄甫川口的杨家，河畔渡口老刘家，这些人家来府谷的时间不会晚于明朝中后期。而府谷境内的营堡、墩台、城墙的集中修建也就是在这个时期。）这说明长城的修建是我们祖辈的产业，爱护长城是每一个府谷人的神圣职责。守住这份“二亩四分田”就是守住了祖业，否则，我们便有愧于祖先。有鉴于此，我认为府谷人完全可以以“长城人”自居，担当起长城的重任，保护好长城对每一个府谷人来说责无旁贷，是历史赋予的使命，神圣不可推托。

二、府谷从北宋、明朝始，一直肩负着国家边陲防守重责，而府谷的建制、村镇、堡寨真正列入国家正史是从明朝确立，此后再无更改。大家不要小瞧那些散落在全县村镇的大小院落、城墙、府衙、庙宇、道观、戏楼，它们基本上是和墩台、边墙、堡寨、城池等国防建设工程同时动工起建，如黄甫、清水、木瓜、孤山、镇羌等营堡，这些国防建制所需的每一分钱都来自朝廷拨款，它们是堂堂正正的国标建筑，代表着当时中国最高规制。所以，我建议“长城保护”应该不单指长城的保护，而是重点保护包括长城在内的古建、古迹及亟须抢救的文物，如清水的老爷庙壁画，铭文记载修建于明洪武年间。老爷庙的几个大殿正梁，无一不记载着主持修建的总兵、副总兵、参将、镇守、把总的名字，而这些人在《明史》里确实是军政大员。他们是镇守边疆的将军，同时也是参与军事堡垒、地方公益修建的主事要员。另外，从全面军事建制看，长城作为防御要塞当然十分重要，而坚固的防守也离不开充分的后勤保障、工商百业、礼乐文娱等场所。所以说，保护长城应该包括保护古城、古迹、古文物。可以说，长城的修筑使府谷进入国家正史，扩大了府谷对外的影响。想一想中国历史上发生在府谷境内的重大事件，如明末农民起义的爆发，以及府谷在抗日战争期间作为东北挺进军总部和黑龙江省政府的驻扎地，就很能说明府谷作为长城边陲重地，在民族危亡时刻所起的关键作用和重要的战略地位。

三、长城的修建对府谷人的精神气质、文化素养、性格特征及风俗、语言、饮食等文化的形成起到了决定性的作用。

首先，长城涉及一国之安危，是国家威武神圣不可侵犯的象征。生活在长城以里、营堡边寨的府谷人，从小就将爱国爱家装在心里，担在肩上。他们在潜移默化的成长中，无时无刻不以国家的强盛为已任，无时无刻不将长城坚实的形象作为自己的榜样。长城的正面硬气直接影响到府谷人的成长、性格的形成，决定着府谷人的聪明才智、人生走向。

其次，长城虽然是封闭的，但是，府谷境内的长城却留有大量出入自由的“口子”，从而保障府谷自始至终和周边地区保持友好往来、密切交往。这也就是府谷人乐观开放、胸怀宽广、善交朋友、四海为家、勇于拓展的性格特征的渊源所在。因为深受草原游牧文化豪爽浪漫的熏陶，铸就了府谷人勇敢豪迈、敢作敢为、视天下为友的视野格局和清正爽朗的形象。事实上也是，府谷人从古到今拥有“打折腿骨不认输”的男子汉气概。

再次，由于当初修筑长城守护边疆的军户、官吏、商人、百工巧匠及游走艺人来自全国各地、五湖四海，因而形成府谷文化的多元复杂、营养丰富。体现在府谷人身上就是表情生动活泼，处事公平合理，模样俊俏端庄，头脑聪捷伶俐，表达机智幽默，语词丰富多样。以府谷话为例，我们的方言中不仅掺杂着许多匈奴、鲜卑、蒙古等民族语言（如豁拉盖、圪泡、圐圙、硌硬、央告、稀罕、奓拉、掏腾等），而且还有许多词语的发音、语义来自江南一带，如“鞋”读“hāi”，浙江人也读“hāi”。再比如，府谷长辈对晚辈过分亲昵或男女关系中，会将女子叫“奴奴”；而这种亲密表达在江南也存在，如越剧《凤仪亭》中，董卓也将貂蝉叫作“奴奴”，和府谷人叫“奴奴”时的神态、发音、语义活脱脱像。说明府谷人有许多祖上是来自江南的江苏、浙江一带。所以，府谷民风习俗语言中含有许多江南文化元素。当然，我们的文化受河对岸晋文化的直接影响最大，我们口操之语就是晋语，我们的建筑住所、丧葬礼规也是来自中原正统的晋地。所有这些都是因为长城，是长城的修建把府谷人从四面八方、祖国各地会聚到这里。所以，作为长城的子孙，我们怎能不爱长城呢！

2020 年 11 月 4 日

（本文为“2020 长城保护与利用高峰论坛”演讲稿，经整理而成。）

石峁遗址初探

石峁遗址也叫石城，位于陕西省神木市，它进入我的视野始于2015年春节前后。当时读到一篇文章《发现黄帝宫城遗址》，文章说石峁为黄帝宫城遗址，但我不太认同。因为石峁没有中原文明实质性的文物出土，只有几个石像，线条夸张，表情怪异，怎么看都难以和中华固有理念匹配，也不似古希腊石雕的神圣。与这块土地的古老相印证的，是这里出土有大量的玉器，尽管如此，也不能证明它是黄帝的产物。轩辕氏作为神话人物足以让我骄傲，但是，人们至今也没搞清楚，他作为始祖是种地的还是游牧的。按理说，既然以农耕立种，他应该精通农事，可是，观那名号却是赶大车出身，那车即使不是马驱，至少也是牛拉，说明还不是农业的专行。个人推断，如果真的是农耕起始，这里应该是千里沃野，适合耕种。

虽然对“黄帝之城”一说不以为然，但是，这并不能阻挡我因那块熟悉的土地出现如此奇迹而“想入非非”。我第一感觉，这支筑城的大军来自北方的游牧民族，最有可能是来自中亚或以石头建筑为专长的古希腊、高加索地区的一支。四千多年前，西起黑海、东至西伯利亚一带，受地中海文明影响的一些先进部落，早把北方草原作为他们生存壮大的坦途，游走驰骋，纵横抢掠。但是，毕竟受优秀文明的濡染，他们也逐渐明白建国设城、享受安居才是首选。

2016年，介绍石峁的文字逐渐多了起来。不过，有两个小细节特别让我留意。一是很少再提黄帝宫城；二是说又有新发现，即“壁画以白灰面为底，以红、黄、黑、橙等颜色绘制几何图案”，根据碳14测定，壁画上的颜色为铁矿物。仅此一项，更印证我对此城建筑者的判断。壁画这种艺术，在以中原文明为正统的理念中，是从来没有的概念。在过去三千年以上少得可怜的遗存或地下发掘中，连同令世人赞叹的丰富记载文录中，也很难见到它的踪影。直到汉代中晚期，只有在死人的墓室才有它的痕迹。而在同时期的地中海文明区域，不仅公堂私室有精美的壁画、地板画，就连门柱、廊柱、墙面都被或雕或嵌或镂或饰成画，至于寺院、墓室和祭祀场所就更是有大量的艺术展示。

2017年8月，我受邀赴榆林参加学术研讨会，期间参观了石峁遗址。一路驱车到达景点门口，从秃尾河岸到遗址的距离，约莫在25公里左右。这对农耕百姓来说就是步行一天的路程，而对游牧骑手来说是个把小时，如果运送粮食辎重，来回至少耗时大半天。

参观先从一部简介片开始。因为正在发掘阶段，实物展示就成妄想，所以，只有在影片的简介中，才能一睹那四千年前的芳容。影片对石雕人像和几个陶器做匆匆而过的处理，重点介绍玉器的精美。有黑有墨有红有白有绿，造型均为流线式的璋、铲和刀。而流行于同一时期的江浙一带的良渚玉器中的方形、圆形及罐桶形的琮类物件，却没有发现任何残片缺块，倒是出土有在中原地区难得一见的，而且是四千年前的铜范。这说明玉器的加工就在当地进行。而且，和良渚玉器比起来，这些玉器的工艺十分高超，极具审美价值。更重要的是，据毕业于西北大学历史系的讲解员介绍，这些玉涵盖当今世界各种名玉，如蓝田玉、良渚玉、和田玉、蒙古玉和俄罗斯玉。这些名玉的出处距离石峁遗址最近也有千里之遥。无须问，只有强悍的游牧民族，才有能力抵达这些产玉地区，或抢掠、或受贡、或交换而得到这些稀有之瑰宝。

简介片另外的一个画面也让我特别留意，就是在东城门左右两侧发现的头骨坑。据介绍，坑里各有120具头骨，带有明显砍、击的痕印，死者全为女性。这就更不符合中国传统“紫气东来”的吉泽风水观念，而且和“人殉牲祭”的早期敬畏理念形成极大的反差。中国古人绝对不可能将尸骨埋在“迎祥接泰”的大门下，直白地说，就是两种文明的表达方式不同，无所谓“离经叛道”与否。这种不符合东方特色的习俗，对以游牧为主的中西亚高原文明来讲，显得合身合体。首先，通过抢掠、战争而获得的男女一律统称为奴，主人有权驱使、买卖、交换、赠予和杀戮。这和“一日为奴，终身依附”“生为你家妇，死为你家鬼”的不是奴隶胜似奴隶的效忠观念大相径庭。其次，石峁遗址的这些女性头骨，其身份绝对是奴隶，不排除还有一些念咒作法的女巫。目的主要是镇魔驱邪，和城墙内藏有的片玉及表情怪异的石像的震慑作用是相通的。正如早期西亚出现的原始宗教一样，利用魔力达到通天，利用自然获取威力，摄敌人的魂魄于千里之外。后来流行于蒙古一带的萨满即为其千古以来的余脉。

从放映室走出，存留在脑海中的大半疑问变得逐渐清晰起来，起码是自我能圆。我笑着问解说员，如果不慎发掘出“马赛克”怎么办，她先是一怔，接着严肃地说，那没关系，我们国家不也承认，青铜器的来源是西方吗？和众多语言学者来到皇城台的脚下，由于这里是发掘现场，我们被禁止上到高台“一览无余”。看着那层层石砌密仄的高耸巍峨，瞭望周围高低错落的城址旧垣，其规模、其形制、其震撼，尤其是在中华大地，在距离西亚遥远的古老东方出现如此规制的建筑，其孕育的文明是多么令人惊异和欣喜！同时也测试着我们对人类自身的认知。根据一路而来的路程估摸，再结合文物的分析比较，我笑着对身边的几位专家说，离四季长流的秃尾河那么遥远，专选石山高处建城，其中的劳务、财力、运输等付出，只有游牧中的强悍部落才有这样的能力和实力。

石峁遗址究竟为华夏大地先民所为，还是外来游牧民族首创，关键之处，我认为应该在于城内高台的命名定义。根据有关专家的简介，考古人员暂定它为大型宫殿建筑区域，但是，在命名时却选用当地百姓的俗称“皇城台”。我觉得，仅此一点就证明，部分史学家还陷于“结论先于论证”的误区，而不是回归谨慎务实的史学态度。其实，根据皇城台发现的实物（如宫殿建筑地基、础石和石雕人像等），基本可以判断，它和中亚早先文明出现的城郭构建是一致的，即城的至高处为神灵通达之所，绝非什么宫殿建筑或皇城台。石峁选择在最高处畏天敬神，其理念与中亚古国或在城中高地、或在城边高地一律设祭坛，称通天塔或神庙是一致的，如两河流域的乌尔古城和古巴比伦城等。顺势而下的二级台地才是皇族首领之宫殿，再下就是高等级官员家眷、客商使节。外城一般为国库仓廪、作坊及市场交易、技艺杂耍等第三产业工勤闲杂场所。

有感于此，我不由得想到万里之外的小亚细亚的安那托利亚高原，距今土耳其首都安卡拉不远，也是将国都建于一座孤绝的山顶，神殿在最高点，然后依次分设内城、外城。城门高大，城阙雄伟，马面突出，墙体全为石头垒砌，厚且高，最高处达10米至20米不等。类似的墩台、马面、瓮城等防御设施一应俱全。更让我惊异的是，它的兴建和石峁遗址的废弃在时间衔接方面大致吻合，即石峁城运行时段在距今四千三百年至三千八百年前，而安卡拉附近的石城建造时间为距今三千八百年前。发掘的大量实物、文字证实，这座石城叫“哈图萨斯”，建城的国家名叫“赫梯”。它是一个强大联盟下的强大帝国，曾血洗兴盛中的古巴比伦城，直接导致其走向衰落，就像后世匈奴王阿提拉洗劫罗马城一样。它和强大的古埃及帝国为争夺贸易和地域霸主地位，在古叙利亚的卡迭石发动过一场惊动世界的大战，史称“卡迭石战役”；进而又缔结“卡迭石和约”，用六种文字写成。就因为这块泥板上的赫梯文的破译，才使得这个隐没世界三千一百多年的文明之邦重现，从而一举成为近代考古学界最有成就感的显学之一。它的神话，基本影响到希腊神话和《旧约》故事，它的法律比著名的《汉穆拉比法典》还全面，且表现出难得的宽容，如禁止滥用酷刑和杀戮等。由于在历史中湮没时间太长，它失去了原本属于自己的光环。

国内学者对石峁遗址的兴奋之情，来自对其在中华土地首现的惊异；而我的兴奋缘于终于有东西方文明交流的证据可追寻。从陈寅恪先生始，多少学人为我们的民族而骄傲：“独立之精神，自由之思想。”但是，我们文明之精华真的就是封闭隔绝下的独创吗？我认为还值得进一步研究。

总之，石峁遗址和赫梯人的哈图萨斯，其发掘基本具有一致性，不一样处只能说明有待更多的文物出土。我相信这种可能的出现，哪怕再等几百年。我不是有意要将石峁和哈图萨斯联系起来，更无意提出石峁人的突然消失就是成为后来的赫梯人（尽管西方学者一直惊异于其来自何方）。我只是尽可能地表达一种认知理念，即但凡是人类，都有一种内在纽结，无论居于何处、文明程度高低、肤色深浅，都有相互交流的痕迹。因为我们同在一个星球，共仰一个星空，没有哪个民族能脱离风雨共沐。所以，任何隔绝与断裂的想法都是妄想，任何孤立自大的研究都是自欺而不能欺人的“歪理”。

2017年8月22日

府谷寨山遗址畅想

从传说到落实，从遮掩到亮相，从羞羞答答到登堂入室，揭去神秘的面纱以惊响全世界，四千多年前的府谷寨山遗址在今天，在国际博物馆日，通过陕西电视台携“世界与中国十大考古”的名头向国人、向全球直播。这也印证了我早前说过的一句话：府谷一带早在五千年前就已经是文明的载体。从此次考古公布的遗存看，流行于中原几千年的文化习规、礼仪制度，它们的源头在哪里？结合府谷当地现有风俗，这一话题很有咀嚼的韵味。

——《探秘陕西府谷4000年前史前石城和贵族墓葬》观后题记

2017年的夏季，在参观完神木石峁遗址后，我急切赶回府谷老家，主要的心事是想尽快去田家寨乡一睹比石峁遗址还早三百年的距今四千六百年前的寨山遗址的风采。第二天一大早，在府谷文史爱好者张怀树、柴良的作陪下，我们用一个上午的时间对寨山遗址及周围的宋代墩台烽燧、驻军古堡、粮道栈站等遗迹进行了脉络性的考察。从那次的实地踏迹印象观，我初步认定以府谷南部石马川为中心的黄河西岸，基本上属于农耕与游牧的边缘交汇处，始终处于中原政权与外来文化相互影响的中心。从它现有历史遗存分层延续的布设看，五千多年以来，这样的激烈剧情一直在上演。也就是说，府谷一带在中华民族的演进中，其地理背景、角色分担、倾情奉献，自府谷先民以来一直是个大舞台。

那次探访寨山遗址后没几天，我写成《石峁遗址初探》一文，后来发表在《三秦广播电视报》。当时盛行的观点认定，石峁遗址就是传说中的黄帝轩辕的皇城。而我在文章中主要阐述，它是北方游牧政权建造的，从它的建造风格反映出的文化、宗教、布局理念及出土的玉器、壁画、青铜模具、隼陶、石刻雕像等分析，我得出结论，石峁遗址有可能和西亚的一支高度文明帝国有关联，比如赫梯帝国。如果说它和中原王朝有关联，那也是影响的关系。事实上，距今四千五百年前的中原迄今也没有发现一个和石峁帝国规模相当的都城遗迹。好在自2018年始，随着石峁遗址中大量带有非中原文明元素的物件被发现，比如那个被称为“口弦琴”的所谓“簧”的乐器，媒体上有关“黄帝的‘都邑’”的报道与相关论文逐渐淡出人们的视线。2019年，石峁遗址考古队工作人员来渭南作报告，更是绝口不提石峁和黄帝有什么关联。

我在《石峁遗址初探》一文中，端直就将府谷寨山遗址纳入石峁帝国版图中，认为它是石峁都城的卫戍性质的箭城或拱卫。据张怀树介绍，陕西省文物考古的专家经测试，发现寨山遗址的年代比石峁要早三百年，为距今四千六百年前左右。2019年，石峁遗址考古队工作人员在渭南报告现场，当我问到寨山的年代时，专家说，寨山遗址的年代没有石峁早。尽管如此，根据当时实地情况分析判断，我坚定地认为，先有寨山后有石峁。因为，府谷寨山贴近黄河对岸的山西，位于直插黄河的一级支流石马川岸边的高峁上，地理位置无论是从军事上、政治上，还是从大国分野气派上讲，都在石峁之上。尽管帝国将都城建在石峁，最起码寨山作为“发迹地”的身份是明确的，这就与周祖来自甘肃的庆阳，起家于广袤深纵的豳地是一个道理。此次陕西省考古研究院在寨山发现大型墓葬群，既是石峁研究的重大收获，同时也证明，对于寨山遗址早于石峁、意义重于石峁的判断还是科学的分析。

人类自有文明以来，敬祖既是宗教的恪守，也是维护体统的象征。中国人更是将敬祖与立邦并重，一番事业成就后，选择坟茔比选择议事府还重要，必须作为当务之急。建都将守卫与便达放在首选，而坟茔必须首先考量风水。实情往往是，风水好不一定适合建都，建都的地方不一定就有好风水。中国上古时代，由于形成重祀的理念，一般是将最适宜之地用来安息先人。从殷商墓葬的安阳到晋侯的曲沃都是如此，只不过从殷到晋，古代的君王因不舍祖亲，就将治所与祖灵放于一地，形成人神共处的局面。其实，我对石峁遗址发掘十几年的坟茔缺失，一直充满疑惑。这次宣布的寨山遗址重要发掘成果就是石峁墓葬群的发现，无疑是我对寨山重要性判断的重要佐证。一般而言，在人类文明的进程中，祖茔比都邑重要，所以中国人讲，掘墓鞭尸是报仇雪恨最阴损的一招，可谓恶毒到家。

陕西省电视台选择在国际博物馆日播出府谷寨山遗址发掘，专门将贵族墓葬作为核心内容向全球介绍，我觉得它有几个方面的重点值得人们思考。首先，寨山遗址出现殉人，明白无误地表明，早在四千多年前，石峁已经形似一个组织机构严密的帝国形态。历史上，从战争杀伐中获取的军士平民一律以奴隶对待，处置他们的方式，一是处死，二是苦役。对于其中面容姣好的年轻女子，一是作为性奴，二是作为祭祀的殉人。石峁遗址祭祀台（皇城台）东向正门两侧的女性头骨坑充分证明，那个矗立高台的所谓“皇城台”无疑就是帝国的“祭祀台”，那些女子无疑就是作为人祭的异族俘获的牺牲品。而在同一时期的中原，即使有强大部落存在，也仅仅是局部区域的称霸，不足以发动大规模的战争对其他部落造成威胁。这也就是在广大中原地区出现殉人的坟墓要比石峁遗址晚近五百年，随着商王朝强大到帝国时期才有殉人葬的原因所在。生产力还没有发展到高度组织化、集权化的地步，军队称强的时机没有成熟，要想威慑别的部落顺从或献俘是根本不可能的。殉葬中的殉人必须是异族，同族中殉人是后来私有制伦理化下的产物，不可与寨山遗址中的殉人同日而语。寨山殉人是一个社会进入绝对权威化、军事化的标志。

其次，奉行“事死如事生”的中原丧葬理念来源于石峁帝国。此次寨山遗址发掘成果公布，最惊人的发现是那个高等级贵族墓的葬制、葬器及等级置列形成的规格，礼仪和规制仿佛是五百年后形成帝国的商王朝的礼葬制度预设的标准教材。我们今天引以为傲的殷商墓葬出土，其安葬规模、陪葬器物多寡及一人一穴等形制似乎完全是照搬寨山遗址的墓葬而来。其实，这种照搬照抄不仅仅是墓葬规制，更让人感到不可思议的是，当你看惯了殷墟大气辉煌的、震惊中外的、五花八门的图案，看惯了令人眼花缭乱的大到吓人、小到蚊脚般精致入微的纹饰刻画时，在领略了石峁砌墙石刻雕像后，你才会惊讶地发现，原来殷商连带西周的青铜器图案源自距它们近一千年前的大漠边缘的石峁遗址。例如，构成青铜器主图案的瞪眼咧嘴的饕餮面相，仿佛是模板式地从石峁遗址移植过去一般，稍有留心你还会发现似乎有一种“学生照抄老师作业”般手法稚嫩且笨拙的刻意模仿的感觉。至于商周青铜器出现最多的云雷纹、蟠螭纹、条形纹、叶状纹等纹饰，虽不能判定是来自石峁，但是，殷商青铜器从制造到饰绘，其中心理念应是来源于石峁石像的核心构思，即对称的思想。殷商青铜制造者最令人惊奇之处就是将艺术想象中的对称审美发挥到了极致，其实，这正是石峁艺术对后世最广泛的影响与贡献。

除此之外，石峁遗址出土的为数不多的几片甲骨，上边有烙烫过的用于占卜的排列痕迹。由此让我想到出于卜蓍功用而发明的甲骨文，其诞生很有可能受到石峁文化的启示和影响。构思一致，做法一致，实现构想的材料也是惊人的一致。尤其是电视画面展示的石峁雕像的其中一帧，看似狩猎场面的行动，而那里展现的射的动作，就是甲骨文中“射”字在石雕上的显现；还有前边回首探望的石马，像极了甲骨文中“马”字的线条画。这些生动的暗示，不免让我们联想，消失于三千八百年前的石峁人去了哪里？会不会成为商王朝的祖先，又出现在中原大地？无论如何，可以肯定地说，构成文明社会形态的三要素，即城邦、文字与青铜器在石峁遗址中均已具备，这证明了我的一种观点：中原文明中的重器，即青铜器技术，来源于中亚，通过北方大草原而传入中国。现在看来，这个脉络是清晰的，即石峁文明受影响于游牧文明，通过石峁又影响到中原。或许是石峁帝国迁徙后，大量的建筑工匠、高端艺人被吸收到商王朝的编队里，是这些人对商王朝的典章制度、文事记录、天象占卜、城邦建设、祭祀丧葬等制度的设立、划定、起草、建章起到了奠基的作用。包括象形字的产生，我一直认为甲骨文是远古先人受到某种成文成象的启发后顿悟的产物，既非劳动人民的创造，也非某个带特异功能的神级人物的发明，而是在某个成品字形的启示下的一种套路思维的结果，而且影响物很是单一。所以，理解我们的古字，只要你深入其纹理，马上就有顺势成理的想象会引导着你，向象形、会意、形声等方面展开你任意纵横的具象能力。法国考古学家认为，中国古汉字是受古埃及象形字的启发而产生的，结合石峁人的前身后世考察，我发现此种说法很有可能，关键是石峁在其中扮演了极其重要的角色。［昨天读《考古中国》电子版，介绍2020年石峁发掘最大发现是祭祀台（皇城台）的基础墙体达130米长，其中出现一巨型石柱浮雕，其四面上下刻满图画，有人脸，有射猎，有符号（指无法辨别者），等等。由此我想到古埃及法老墓室、神殿的壁画式象形字铭文。］

长期以来的青铜器研究中，对于鼎、爵、斝等器皿的带耳带柱的功用，学者们围绕是纯粹的装饰之用还是为有盖而设争论不休。府谷寨山遗址此次重大发掘公布，可以说为有盖说提供了有力的证据。墓葬群中的那个典型的高等级贵族墓中，在陪葬壁龛摆放的五个礼器，其中双鋬斝（或名“双鋬鬲”）最具代表性，说不定它是中国境内出土的四千年前的首个鬲。鬲这种器皿在中国礼器中的地位从来独树一帜，可以这么说，无论是作为实用器，还是作为祭祀的礼器、下葬用的陪葬礼品，从最早的陶制到青铜制作，鬲始终相伴，没有改变过模样。而且，中国陶器造型的走向与发展想象一直是以鬲为放射点，包括后来作为权力至尊的鼎也是以它为线索演变而来。所以说，鬲应为所有器皿制造的始母，它在人类器皿制作中的地位可谓独一无二。令人欣慰的是，寨山墓葬中发现的五个陪葬礼器中均自带有石盖，尤其是作为斝（或名“鬲”）的器物也带有盖，而且加工还那么精美，薄厚均匀得恰如其分，看起来合规中矩，美观大方。事实无疑成为铁证，现在全国各大博物馆里陈列的那些敞口的大小鼎、爵、斝、簋，包括盘，它们原来都是有盖的，只不过由于木、竹或席的质地不耐用，随着时间的推移而腐坏风化，当它们重见天日时已是张口豁唇。想想也是，人们敬畏祖先才将那样珍贵的国宝级的器皿割爱埋于地下，又怎忍心让这些盛满美味的肉、羹、酒、黍、菽、调料、水果等的器皿无盖摆放，和土石搅拌？

作为府谷人，我对这些陪葬器皿的石盖巧设感到尤为欣喜。因为，这些石盖的完整发现，不仅让我豁然开悟，原来保存延续在家乡的用于储存谷物、烧酒、黄油及埋藏于地下的金银财宝的大瓮、大盆、坛子、二折瓮、二号盆，包括窖藏出口的窖盖、一律采用大小适宜的石头凿制而成的石盖，其渊源竟然要追寻到四千年前石峁时期；同时，关于府谷语言、丧葬习俗是古代商朝甲骨文时的遗存，我曾于2019年写过一篇《甲骨文中话府谷》，文中将府谷人保留上古时期的语言、习俗至今的原因归于商王朝的边境位处以河为界的府谷对岸的晋北沚方，即今河曲县的娘娘滩。由今天寨山遗址贵族墓葬的发现可知，府谷人用石盖的历史一直可追溯到四千年前的本地，实物俱在面前。所以，根本没必要将府谷古老习俗的遗存上溯到三千五百年前的商，实际上府谷是四千年前古文明的遗产继承者。即使在科技发达的今天，用石盖来覆盖存储实物宝囊，仅从实用耐久的角度讲，仍然不失为当地人的首选。因为，石盖具有就地取材的优势，我们老家除了煤炭，剩下的便是石头，有各种各样用途的石头，在当地被命名为“石头”的山与村子不知有多少，随便一个村子的周围就能有十几个以石为名的地段；石头做成的瓮盖结实，窖于地下轻易不会坏损折断以保久远；石盖无论是立于地上还是地下，任何蛇鼠蜥蜴等均对此物无可奈何。所以，此次寨山遗址成果展播，我第一反应是感到由衷之喜，终于发现府谷人的聪明、沉稳、诚实及端庄大气的形象，原来与脚下这块土地的历史和五千年文明熏陶是分不开的。

总之，府谷寨山遗址的考古发掘成果展示仅仅是高山之阙，而对于中华文明的探究则意义重大。对府谷人民的自信心而言，它是本土产生的文明之炬，随着发掘的深入，必定会对府谷的未来带来不可估量的巨大影响。

2020 年 6 月 16 日于渭南山榆居

甲骨文中话府谷

衡量一个地方是否古老，及其文化底蕴的厚薄，首先要从其地理位置的重要性和历史地位着手；另外，当地的方言使用、传统习俗及待人接物的方式，也是很重要的判定依据。可以肯定地说，一个地方的方言决定了此地人民的文化高度，一个地方的习俗自带着这一方水土的文化厚度，一个地方的地理方位自然注解着自己在历史长河中的角色。

府谷县地处河套腹地，黄河进入中原的拐把，它与华夏文明的摇篮——山西隔河相望，而它的正北、西北紧邻的是通往中亚的浩瀚坦途——内蒙古大草原。自有人类以来，这里一直是各种生存方式的集散地、文明交汇的包容所、冲突与兼并的较量场、政权争夺的得失地。府谷位于游牧的权力中心处末梢、农耕的政府边陲，始终处在中华民族两种最主要文明冲突的核心地带。因而，两种文明在府谷地界烙下了很深的地域和人文的印迹。斗转星移，岁月变幻，但是，印刻在府谷人身上的民族兼容与文明标记不变而清晰，还显迹着古老与生动。

近一段时间，由于对殷商文化、甲骨文及金文发生兴趣，在博览相关研究成果时，我对其中一点既感到兴奋又浮想联翩，即开创于三千八百年前的商朝，始终都与一个偏远之地，我的家乡——府谷有着息息相关的联系，尤其是商代的许多陈规习俗在其他中原之地早已消失得不见踪影，而在府谷的地界上却比比皆是，随处可见。同时，府谷紧邻商朝的边陲——山西河曲，商朝在那里有六个邦国一字纵排密布，严防河这边府谷一带的敌国入侵。可以想见，作为敌国的府谷一带在四千年前是多么强势，强势到能让纵横中原五百年之久的商朝，到了毗邻中原的府谷地界，不要说跨河以征，就是连放松警惕都难以做到。事实上，府谷境内有距今四千六百年前的寨山石城及距离寨山石城西向40公里的距今四千三百年前的石峁遗址，这两座石城组成的强大帝国足以让三千八百年前的商王朝望而却步，严加防范。当然，商之文化也对其产生了深远的影响。

商朝之于府谷的影响，首先是它的一些用字叫法仍在府谷的日常生活中被引用，而且，无论是表意还是读音，推测都和三千八百年前一样，具体以“祲”“夒（nāo）”“年”三字最为典型。

祲：府谷话中，人们经常把那些萎靡不振，说话有气无力，见了长辈不敬重，说话态度恨声恨气，有违大道尊规的行为、言语都归结为“祲气”，意思是中了邪风，气象不正，失于管教，出格了体统。“看你那个祲气，对你大说话还是那韵调？”“这一向怎来了？殃打磕巫，死蔫贼害，看那个祲气相！”祲气的“祲”，作为天象中的日月晕现象，多次出现在甲骨文的卜辞中：

丙寅卜，宾，贞，告日有祲，于上甲三牛。（《合集》13329）[①]

……巳卜，争……祲，告于上甲。（《合集》7359）

五日甲子允酒，有祲于东。（《合集》10302）

① 《合集》指郭沫若主编，中国社会科学院历史研究所编《甲骨文合集》，中华书局1982年3月第1版。下同。

乙巳夕有祲于西。(《合集》11497 反面)

王占曰:丁丑其有祲不吉。其惟甲有祲吉。其惟辛有祲不吉。(《合集》6485 反面)

这些卜辞反映“祲”出现象，其方位的吉与不吉，以及是否需要向先人上甲祭牲以禳灾免祸。总之，它是一种天象示警，需要重视、惕戒。其主旨和府谷方言中教训人用“祲气”一模一样，只不过府谷人在几千年的引用中将“祲”的意象、“气”的内涵作了更深入的阐述与发挥。一个“祲气”就将“祲”字所涵盖的所有不吉、不振、不喜、不正、不尊等有失正统正常的气色气象神态，展现得淋漓尽致。

夒：府谷话中，人们一直将人和事物中的低个头叫“猴”，如“那人怎长不大，永远就那么个猴个个”，又如把弟兄姊妹中最小的叫“顶猴猴”，意思是押后的“殿”，府谷人也叫“殿窝窝”。至于这个“猴”字如何写，有人用“候”，有人用“小”。最近，我在甲骨文中查到了一个“夒”，其字形画法就是一个带尾的坐着的猴。王国维考证“夒”为帝喾，甲骨文中有许多祭祀“夒”的记载：

……其获夒。[①]（拾 6.9）

贞：求年于夒九牛。[②]（佚 886）

至此，我认为府谷话中的“猴”确定无疑就是猴，因为府谷人在说“猴小小”时，有时也叫“猴夒夒”，或者干脆就将那些小娃娃称为

① 意思是田猎时捉住一只猴。

② 意思是祈求帝喾夒的佑助，能够丰收，并向夒献上九头牛以祭。

“耍耍”：“就你这么大个球耍耍还，你能把爷爷怎解给下。”另外，府谷人习惯把那些天性活泼好动的小孩叫作“耍性不改”：“你怎解耍成这么个，谁也说不下，这还能了！娃娃惯成这个样，将来怎个得了。”专指小孩猴性十足。

年：甲骨文中的“年”，为人在负禾，本义是谷熟。甲骨文大家董作宾释：“在商代还没有把年作纪岁之用的。到了周代，才把禾谷成熟一次称为一年，而年字始含有岁、祀之意。”[①]甲骨文中有关“年”的卜辞多为表达这方面的意思：

> 丙午卜，争，贞：我受年一月。（佚 550）
>
> 癸卯卜，亘，贞：我受黍年。（铁 248-1）
>
> 辛酉卜，宾，贞：求年于河。（铁 216-1）

以上表达均为希望庄稼丰收，并去黄河设祭。

府谷话里有一个词叫“年祀”，凡发生于去年的一切事件、话语、人物都归在“年祀”，意思是与今年没有关系。“年祀这怎会儿，你也回来过。”“年祀六月份，你借我的那点钱能还了吧？”“你把年祀亲自给人说的话，好好想想，个儿盘算给下（hà）。”结合甲骨文中“年”的意思，再参考周人以农忙十月完结为岁终，有庆丰庆年的宗教仪式，我认为府谷话中的“年祀”就是指一年到头以庆丰祭祀为终结、为标志，从时间上讲是旧的了解、新的开始。只有用“祀”以为纪的年节，才能表示和过去划清界限。其实，它承接的是三千年前的原义，并秉承周朝的农耕历法，是原汁原味的中华文化正宗语义的传承。

① 董作宾：《卜辞中所见之殷历》，《安阳发掘报告》第3期，第520页。

甲骨文中的文字语义经过几千年的演进转化，大部分已经脱离了原义，而在府谷却传承着它的古义，这在人类语言史上实属罕见。其实，语言的传递离不开语言环境即习俗的延续，否则语言便失去了存在的根基，成为无本之木。我读甲骨文记事，发现三千八百年前或更久远的一些丧葬礼规、风俗习惯现今仍然在府谷一带的民间盛行，而且执行起来还是那么古制、呆板和认真，如甲骨文中的“告”“饗”“鬯”。

甲骨文所记几乎全是卜辞的刻事。但凡涉猎商朝史的学者都知道，商王朝是一个“殷人尊神，率民以事神，先鬼而后礼”的社会。所以，近代通过考古发掘而刊行于世的甲骨文，基本上是每记涉卜、每卜必祭的祭祀簿。甲骨文中所涉及的祭祀有几十种，祭祀方式五花八门，今天的人们能理解其中一些方式，如燎、潦、血、卯、伐、沉等，只是想象起来太过残忍。因为，商朝的统治者们奉行奴隶制，在他们眼中，除了划定自己的一小部分人是人外，其他的人类（如异族、战俘等）均与豕、犬、羊、牛无多大差别。所以，那时祭祀，人和动物及摆件没有区别地被当作贡品，任意活杀、火烧、蒸、煮。总之，人对待动物是怎样，对待这些“人牲”就是怎样，无所不用其极。此外，商王朝有些祭祀方式实在让人无法想象，如香、气、舌、目等。而发生在府谷一带的“告状”“伏三”“奠酒”等习俗，不由得让我联想到甲骨文中的“告”“饗”“鬯”祭。我认为，今天府谷人奉行的这些仪式和做法就是来自三千八百年前。

告：甲骨文中的“告”虽然有报告、获取情报等今天意义上的指事功能，但是，大部分时候“告”字出现在告祭场所。

甲辰卜，惟翌乙巳告上甲。（《合集》428）

庚申卜，亘贞，告于祖乙。(《合集》1581 正)

其告于高祖王亥三牛。(《合集》30447)

癸未卜，贞，告于妣己及妣庚。(《合集》1248 正)

庚午卜，亘贞，告于父乙。(《合集》2206)

乙丑卜，大贞，于五示告，丁、祖乙、祖丁、羌甲、祖辛。(《合集》22911)

卜辞中所有这些告祭的对象均为商朝历史上的开国大勋，如上甲、祖乙、王亥，就连这些人的妻配（如妣己和妣庚）也一样得到敬告。除此之外，父母、直系祖先等同样处于优先告祭的行列。这说明商以前，“告”是向长辈致敬、行礼的一种礼规，低于此级别的祈求与诉心就不能算“告”。这一点礼规在府谷一带也是这么被尊奉的，如有同学喜欢将其他同学的不轨行为和言语向老师反映，府谷人讲“某人好告状”；弟兄姊妹也会向不守家规或欺负自己的违规者警示：“我告爸去，你怎怎……看爸爸怎个收拾你那张皮呀。”有时，职位低的工作人员喜欢向上级部门反映情况，府谷人也会说：“那人可（ké）能告人了，小心点吧。”府谷人将向上级或长辈反映情况、祈求庇护叫“告”，有时也说“央告”。“告”在府谷人心中是有着明确界限的，它和别的地方将所有揭发、告密等行为统称为“告”，在语义上有着明显区别。

饗（飨）：甲骨文中的“饗”分为两种，即“饗宴”“饗祭”。但是，不管是哪种“饗”，举办的地点必须是敬奉祖先的“饗堂”。“饗宴”指国王宴请大臣、部落首领及自家亲人；“饗祭”是祭祀中的熟食祭，国王亲自参与，并在祭祀中即席吃喝分享贡宴，意味着和先人及直系亡灵共餐。在所有祭祀中，“饗祭”应该是级别最高的一种，因为有现世之王亲自为亡灵品尝甜咸，体验亲情，事死如事生，阴阳两界直接沟通，无论是从国事体统还是从人伦关系上看，没有哪种方式的表达能超越“饗祭”这种规格与级别。

庚子，王饗于祖辛。(《合集》23003)

癸亥卜，彭贞，大乙、祖乙、祖丁暨饗。(《合集》27147)

壬子卜，何贞，翌癸丑其侑妣癸，饗。(《合集》27456 正)

癸巳卜，何贞，翌甲午蒸于父甲，饗。(《合集》27456 正)

甲寅卜，彭贞，其饗多子。(《合集》27649)

总之，这种共同参与并边祭边享美食的熟食祭，大多数时候是国王一人主祭参加，有时也邀请宾客、大臣、王室成员、子女和亲戚等。这让我想到府谷一带丧葬中的“伏三”仪程。埋人第一天为献祭，第二天下葬，第三天所有死者的至亲，包括孝子、女襄外甥，毑（jiě）家（娘家人）都要去坟地，由毑家亲自安锅立灶，架油锅煎糕、做粉汤，在泼洒孤魂野鬼后，为逝去的亲人上祭热食热汤。然后，所有到场亲戚轮换品尝油糕、粉汤，意味着你和亲人虽然阴阳两隔，但是他并没有走远，大家还在一个锅里吃饭，体验着同样的冷暖，表示血脉难断，亲情永驻。据我了解，全国各地“伏三”这种规约还在维系，但是，在墓地安锅造饭，和逝去的亲人共餐，恐怕只有府谷一带的人们讲究。事实上，这种看似古朴的风俗，与三千年前中原腹地的文明有着不可分割的关系。

鬯：甲骨文中的“鬯”是一种含有香料的美酒，其实，它就是今天人们养生泡酒的滥觞。甲骨文中记载的祭祀，很少有用到鬯的，说明酒在当时还是属于珍贵的稀缺品。一旦有“鬯”出现的祭祀，说明祭祀对象的级别很高。同时，卜辞中有“鬯祭”，其对象不仅有像大乙、祖甲这种级别的男性亡灵，还有如妣庚、妣甲这样的女性亡灵，而且，后者用酒量往往比男性亡灵还多。酒在商朝属绝对的奢侈品，人人都是饮酒的爱好者，这也印证了一句话：“殷人好饮。”妇好墓出土的陪葬器中，总共有400多件青铜器出土，其中酒器就占到一半以上，品种一应俱全且做工十分精美。一个女人家死后陪葬那么多的喝酒用具，说明她生前绝对是一位千杯不醉的饮酒豪客。

甲午贞：乙亥酒多宁于大乙，鬯五、卯牛，祖乙鬯五，小乙鬯三……（《英藏》2400）[1]

乙丑，贞：酒御于庚妣，伐二十、鬯三十。（《合集》22227）

这种“鬯祭”一是显示级别之高的隆重待遇，二是说明死者生前有嗜酒习惯。府谷一带的人们安葬老人的用酒量占丧葬中的用度为最多，占开支比例也高。和全国各地一样，每个祭奠仪程中都离不开奠酒，也即打醋坛为先，以酒祭开路。不同的是，如果死者生前喝酒，那么一年三祭中，后辈儿孙每祭必须将酒上供，再杯酒洒祭。这一习惯和殷商时的“鬯祭”一脉相承，无可置疑。

以上是对甲骨文中的一些字义、读音的分析，并解读了当时的祭祀习俗对距离商朝都城千里之外的府谷一隅之地的大致影响。那么，为什么一个偏远之地，当时又不属于商朝的归附，竟然对商文

① 《英藏》指李学勤、齐文心、艾兰编《英国所藏甲骨集》，中华书局1985年9月第1版。

化有如此承继？这里涉及一个地名叫“沚”的方国，以及一个叫“沚戛”的人，他在商朝领土的捍卫中扮演着极其重要的角色，其地位几乎与“安史之乱”中的唐朝大将郭子仪一样显赫。所以，揭开沚国之谜，结合沚戛在商王朝中的显赫地位，就不难理解府谷一带和商王朝距离之贴近，它对商政权形成的威逼态势，使得它易于受到中原文化影响。从本质上讲，府谷一带从来没有脱离中华文明、文化的范围，它的地理位置决定了它对不同文明、文化易于接收和承继。当然，这种承继是一种选择性的继优承先，无论任何时间都能保证其优秀性与开拓性。

“沚”在甲骨文中就是四周布满了水滴，有一个像趾的符号穿行在中间。《说文》：“沚，小渚曰沚。从水，止声。诗曰，于沼于沚。”高亨注：“沚，水中的沙滩。”关于商王朝的方国沚到底在哪儿，国内的学者争议很大，有说在山西的灵石一带（李学勤），有说在今平遥、汾阳一带（《沚的地望考》）。我认为，马如森先生《殷墟甲骨文实用字典》里的注释更贴近事实。他认为：“沚，在今山西河曲一带。”河曲和府谷隔河相望，而且，在河曲黄河流经的河道中就有一片延绵凸显的沙滩，我们当地人叫“娘娘滩”，上面有一座庙叫“娘娘庙”。那沙滩上有田可耕，有人家住户。据老百姓讲，无论黄河水大水小，娘娘滩的农田住户永远不用担心被洪水淹没，好像那底下有什么巨兽驮着随波沉浮一样。这一地貌特征本身很符合《说文》对“沚”的解释，也符合马如森先生对沚方位置的判断。另外，李雪山先生在《卜辞所见商代晚期封国分布考》一文中，也将“伯戛”（沚方）明确标注在黄河拐角与府谷隔河相望的河曲地带，紧贴黄河，而且文章注明，和沚方连成一线沿河一侧向南还有亚启、亚奚、丘侯三个商朝封国，它们组成的西部防线不仅涵盖了对岸府谷全境，还将神木、佳县也包括在内。

为了进一步弄清府谷一带在商王朝时的强势与重要性，我们有必要对沚戛这一人物作一个简单介绍。凡对殷商史感兴趣的人都知道，沚戛这一重要人物是绕不过的，为何？因为，甲骨文中对他的记述不仅多，而且细，细到他的日常所及，去了哪里，所干何事。更难得的是，他就像商王朝的“救火队长”，每当国家有难，他都被委以重任，从重大战役的指挥，到管理户籍的地方能吏。而且，有他在的地方，一般也会有商王出现：

> 贞无来艰自沚？①（《合集》5532 正）
>
> 令伐沚？（《合集》21035）
>
> 贞沚戛不其来？②（《合集》3946、3947）
>
> 贞沚有灾？（《合集》14755）
>
> 沚（戛）骨（凡）有疾？（《合集》13891）
>
> 呼从臣沚有册三十邑。③（《合集》707 正）
>
> 贞于凡令戛。④（《合集》3975）

卜辞中有关沚戛的条目很多，指向政治、军事、农业等多个方面。当然，能代表沚戛最高身份的是他能在祭祀中扮演领祭的角色，说明商王已经对他像王室自己人一样看待。由于甲骨文中对字的辨别因人而异，有关这一类的卜辞就不作引用。一句话，沚戛在甲骨文中的形象是最活跃的，也是最引人注目的。那么，他到底是一个什

① 商王问，沚那边是否有灾难？这时的沚还是商的敌对方国。

② 指沚归顺商朝后，商王武丁卜问被封为伯的沚戛的情况，对其关心之至。

③ 说明沚戛已是商朝管理户籍土地的大臣。

④ 指沚戛参与指挥打仗。

么级别的股肱重臣？其实，他既非皇亲国戚，也非死心塌地的开国贵胄元勋的封荫后代。他是沚国的首领大将，在和商国多次杀伐对垒后，才依附于商王朝。没想到，归属中原后的他，竟然受到商王的极大信赖，迅速成为王朝中权位不可更移的顶梁柱。金石大家吴其昌认为："沚戛，武丁时之名将……殆于侯虎齐名者。"于省吾甚至认为"他是傅说"。姚孝遂谓："沚戛为商的重要盟邦之一，商与沚戛经常联合征伐工、土、巴等方国，卜辞常见沚戛为方国之首领，并在军事行动之外，商与沚戛的关系也是非常密切的。"①我认为，沚戛在商王的心目中地位之重，固然与其本人的勇猛、聪明和忠诚度不可分割，而直接的原因可能是沚戛所在国的地理位置对商王朝的社稷江山的影响之巨，使商王夕惕于心。府谷一方的敌国一旦进入山西，处于中原地区的王朝中心就呈不保之势。明末农民起义，首倡于府谷清水营的王嘉胤及后来加入的李自成等人，当年就是选择从府谷过河进入山西河曲，然后一路向中原进发，直到北京紫禁城。

总之，府谷一个弹丸之地却成为强大的商王朝全力以赴重点盯防的对象，说明府谷这边集中的方国绝非等闲之辈，它们是工方、鬼方、马方、井方等强悍游牧加半农耕民族。由此可见，早在三千八百年前，府谷就处在中华民族融合、兼并、杀伐的中心区域，它不仅是文明、文化碰撞之地，同时也是其传承、扩展的风水宝地；它不仅肩有承继的使命，还具有创造文明的得天独厚之条件，故而表现在它所流行的方言、习俗及人文特征，就显得顺理成章，一点也不奇怪。

2019年6月6日于渭南山榆居

① 韩江苏：《甲骨文中的沚戛》，载郭旭东主编《殷商文明论集》，中国社会科学出版社2008年第1版，第128页。

湳水之纳林河、黄甫川考略

内蒙古的土地总是辽阔的，辽阔的土地充满神奇，更是塞满了华夏文明的密码符谶。以前人们总认为划归内蒙古境内的河套地区应该是游牧的天堂、文化之分野，其实，这是一种十分短视的历史局限。不说远古，单就史料记载与散落在今天河套地区的大量城郭遗址而言，完全可以判定，距今四千多年前的龙山文化中晚期，开发定居此间的先民，早已是农耕与陶器、建筑及青铜制作的族群了。在一个有序、安定的空间、地域中生存，年有余粮，养存家畜，谁还会做风餐露宿的流浪牧民？

纳林河乃内蒙古之名，以三千年古镇纳林命名。纳林河源自达拉特旗的马场壕川掌，一路向南出省经陕西府谷的古城、黄甫流入黄河，于是，沿途群众又将纳林河府谷段叫黄甫川。黄甫川源远流长，贯穿内蒙古的点睛之乡——达旗（达拉特旗）与准旗，连接府谷的富庶之地古城、麻镇、黄甫。而这一条黄金大道又是历史上“走西口”的致富坦途，曾经成就过无数巨商大户奇迹，出过多少风云人物，所谓“金黄甫”“银麻镇”的美名也与其密不可分。

黄甫川与纳林河神采飞扬，它们在中国古代文献中有一个统一的名字，更加响亮。据历史地理大家史念海教授考证，《水经注》里的“湳水”者，即纳林河、黄甫川。史先生依据《水经注》“湳水出西河美稷县，经西河富昌县城南”的描述，又根据湳水流经地望、地形及古城遗址的对应关系判定，汉时美稷县位于今准格尔旗纳林镇之旧城（现已改为沙圪堵镇下辖的一个村），当地百姓称之为“红城子”。富昌县即为府谷县古城乡的前城遗址。此二县当时均属汉西河郡管辖，是西汉政权重要的门户大邑。而我感兴趣的是“湳水”名字的由来，特显其在中国历史长河中的低调含蓄及无比重要。

众所周知，中国古人对山川地理的命名尤为慎重。说到“河”，只有黄河与之匹配，至于其他流域水系，多以地貌或因袭名之，绝少后缀以“河”“江”“水”。在中国古代的河域堪舆典籍中，水名之后能带“水”的少之又少，如陕西省的河流细数不下百余条，但是，能以“水”相称的陕南只有“汉水”，关中只有“渭水”，陕北分得三条，即“圁水”“奢延水”与流经府谷境内的“湳水”。比对之下，我们发现河名得“水”者，必须具备以下特点：一、水系发达、流向曲折，而终以入“河”入“江”，以渭水为例，它是黄河重要支流，常年水注，湍流不息；二、由于水泽丰茂，地气湿润，必然是有利于先民初创、选择聚居、产生文明的最佳活动场所；三、被称为“水”者，一定是引领人类迈向辉煌的福地，无论是过去还是未来的预示，它终将是影响历史、带动区域发展走强的名流。汉水归入长江，冲击出广袤而富饶的江汉平原，从而产生独特又丰富多彩的楚越吴文明。渭水对中国人礼仪制度、典章文武的形成起到了关键性作用。中国人引以为豪的文明一贯性，数千年无中断，主要功绩应该记于以渭水流域为中心成长壮大的周王朝。陕北的圁水即神木秃尾河，流经千年不断，著名史前文明都邑大郭石峁遗址就矗立在其东岸山丘之巅。“奢延水”即无定河，因其出没或沙或壑或林或无等变幻无常，曲折历尽直奔黄河而名。而它的归属则决定着国之荣辱与分界，从来都是国士良将誓死之见证，“可怜无定河边骨，犹是春闺梦里人”，绝对够悲、够壮、够气派。

那么，湳水又是如何？据长期研究黄甫川的文史专家姬宝顺老师讲：“湳水从城下而过，青竹碧水，舟楫卧波。”对应今日纳林河、黄甫川沧海变良田的事实。“湳水”一名早已消失，地图上也只以“季节河”标识，改名“黄甫川”而被大家广泛接受。不过，我对曾经“烟雾浩渺，清波布广，水鸟群飞，渔歌唱晚”的湳水盛貌始终坚信不疑。《后汉书·郭伋传》有云：“（郭伋）始至行部，到西河美稷，有童儿数百，各骑竹马，道次迎拜。伋问：‘儿曹何自远来？’对曰：‘闻使君到，喜，故来奉迎。’伋辞谢之。及事讫，诸儿复送至郭外，问：‘使君何日当还？’伋谓别驾从事，计日告之。行部既还，先期一日，伋为违信于诸儿，遂止于野亭，须期乃入。”其为人若此。

郭伋歇亭一事力显郭伋为人木讷，执于信真，童叟无欺。我好奇的是，东汉社会有如此清风正道，凡成年人必为有为之士，官场清正到连顶头上司检查工作也不敢献殷勤，反倒是一帮儿童呼群集队，人数多达几百，前来捧场迎送。可见西河郡治下的清明和谐景象，没有饥馁、兵燹，社会安定，而且教育程度也不差。这些孩童知节懂礼，待人说话得体大方，很令人信服。最让我中意的是“各骑竹马”一句，有注家解释“竹马即竹竿”。对此我不以为然，古代中国孩童游戏，多以男骑竹马、女执彩练为主。所谓“竹马”即用竹篾片编作马头、马尾两部分，外以彩纸糊裱。玩耍时，马头朝前昂首虎视，马尾朝后作扬威奋蹄状，马头、马尾分扎于小孩胯上部位。行走时，孩童一般左手执辔，右手扬鞭，或奔腾挪移，或驻足徘徊，极具将军临阵之威风与虎贲之士之活泼，缺少安宁相。记得即就是黄甫川流不再持续的两千年之后，府谷一带人民闹社火，竹马队也是众节目中很具人气的一档。他们男女配对，花衣重彩，列队出现在喜气洋洋的人群中，即使无打情骂俏之举动，也让人不由得往成双入对的美满方面猜测。这说明什么？说明“青竹碧水，舟楫卧波”之盛景确实在过去的几千年间不仅存在，而且还壮观到引人入胜的地步。竹对中国情有独钟，只要是气候温润、潮湿水泽的地方就有竹出现，所以，中国文化人赋予竹不一般的清高意义，就其持节清俊之气韵而言，竹完全有压倒松柏之态势。府谷一带人民对竹的推崇完全可以归根于对湳水旧时浪漫草丰竹秀的怀念。

黄甫川流域川面平缓，有山不高，有沟无壑，故而自古以来，在湳水有波不浪、有流不急的反复补充填平的缓漫静淤下，逐渐形成类似平原式的肥沃田野，如渭河冲击下的八百里秦川。黄甫川虽然规模难以和关中平原相比，但是，身居黄河河套上游，能有如此沃野千里、良田万顷，实在也是荣享福地。和黄甫川相隔不过二里，同样发源于内蒙古的清水川，流域狭窄，河面底硬（府谷方言，指底部硬挣），上游与下游落差巨大。故而，沿川数百里难得有厚土高地，如黄甫川田亩连片、炊烟袅袅等太平景象，更无湳水河岸郡邑巨郭之遗存与传奇故事供人说道。事实上也是，从纳林河顺川而下，直至黄甫镇，沿途所见尽为村舍、田畴，桥梁很少，峡谷全无，完全是一派农耕绿茂景观，很难有山大沟深之黄土高原的愁郁联想。

河套地区虽然普遍为高原地形，但由于巨龙般黄河逶迤环绕而过，形成丰泽水润，滋养草木茂盛，物种繁多品优，从来为古代先民生息繁衍首选。坐落于黄甫川与清水川上游之间的朱开沟遗址，规模浩大，规格高全，以其居所、墓穴、瓮棺及储器、兵器等陶、青铜制作观，说明此遗址人民不仅在四千二百多年前已经跨入私有理念的先进行列，而且，其熟练掌握的焙烧、冶金技术在当时也是十分高级与强大的。另外，从出土的大量陶器、三足长腿鬲、斝、瓮与方格单把鬲中发现，所有这些制作不仅显示创意的突出，更可见形制的多样。而且，从造型到纹饰无不彰显他们对审美的追求。最让我惊讶的是，这些器皿中已经出现了礼器与酒器的区分，说明朱开沟社会早已在秩序井然的等级制下生活，劳作之余，煮酒消闲。故而，青铜技术传来，奢侈品中的首饰、耳环、臂钏、指环等自然而然就应运而生了。我始终坚信，创造力的强弱取决于饮食奶肉的有无，不食肉者无创造力可言，朱开沟文化即为远古之明证。另外，身体健康必须伴随男欢女爱，朱开沟古墓有许多“成功男士”的头首，脚底殉有少妇少女。可见，广大的河套地区，包括府谷的寨山、神木的石峁遗址或许才是华夏礼乐文明的初始约定成制者。

一千五百年前的郦道元，是中国乃至世界的地理学大家，他之所以将距离中原属偏远之平常川流湳水特加备注，我认为完全是因为湳水上下游的美稷与富昌的县设。中国人讲究人杰地灵的风水，而美稷、富昌在先秦及两汉均为名闻朝廷、关乎社稷安危的大邑，属西河郡重治。确定无疑的是，美稷县位于纳林村北的古城，富昌县在府谷县的古城，二者距离不过40公里，同处一条黄甫川道。问题是两地相关的古城遗址并不止于美稷、富昌两县城那么简单。府谷古城遗址我去过，看着偌大的城址，其规制之整饬、格局之宏大、规划之完备，以及城址处湳水之东岸高台，说明古城从先秦就开始不断地迁址东移，是因为河水侵蚀的关系。当时我就推断，这里可能曾是西河郡的郡治，一个小小县衙以民国府县几间办公房子论，不可能占有如此规模完整的浩大城池。纳林村的古城遗址早有西河郡的定论，但是，我的推测是先有府谷古城西河郡，随着北方匈奴的退却，西河郡治自然向北推进。当然，还有一种可能，先修西河郡城在纳林，后来随着匈奴兵马的逼近，再修西河郡治在府谷古城。一府多地在中国很常见，尤其是古代北方地区，如陕西富平县汉代最早在今宁夏中卫（秦时的北地郡），后来跑到关中的频阳，且一驻就是两千年。反正，不管是纳林还是府谷古城，西河郡总是在湳水冲击而成的川道上下游挪动。

湳水名重，重在沿川形成的肥田沃土与政权府治的多点设置。尤为关键的是，战国秦昭襄王所修秦长城，将整个湳水河道包括其中，才使人们顿然明白，原来富裕宽广的黄甫川在两千五百多年前的中原政权眼中，始终是一条抗击防御匈奴南侵的军事要道。守住湳水即守住了疆域的北大门，对此，无论当时领有此道的是魏国还是秦国，均保持了观点的高度一致。

现在的人们一想到长城，也许会想到“秦始皇跑马修边墙”，西起甘肃临洮，一路向东直达山海关。其实，早在嬴政还未出生时，他的曾祖秦昭襄王嬴稷就开始西筑临洮，经甘肃环县进入陕西靖边、横山，再入内蒙古乌审旗、鄂托克旗，向东沿圁水（神木秃尾河）折北经内蒙古新庙、纳林塔、束会敖包梁、德胜西、坝梁，在点素脑包从东折向北直达十二连城的黄河西岸，总长度约2000公里。笔者考察过朱开沟遗址后，从朱开沟掌（束会川的源头，也即圁水源头之一）折返到束会川西岸，踏访了束会敖包梁秦长城，眼见实感秦昭襄王于公元前255年至公元前251年修筑在河套丘陵梁峁之上的长城之奇伟坚固形象及其豪迈气概与毅力胆魄。按理说，战国秦长城既然是循横山山脉经固原、庆阳、环县入陕，沿吴起、靖边、横山直插内蒙古乌审旗、鄂托克旗，再折向陕西神木溯秃尾河进入内蒙古的束会川，一路向东到达准格尔旗十二连城，那么，如果经过暖水附近的神树沟取直道纳林村东北到达十二连城，要省许多里程，当然省下的工程费用就不是个小数。为何放着省工省事不为，而非要远离纳林村，在其西边继续北上，筑长城在纳林河的分水岭坝梁，然后东去点素脑包取向偏北的十二连城？此中秘密被亲自步考鄂尔多斯秦长城的史念海教授一语点破："秦长城经历的地方既已明确，当可进而申论鄂尔多斯东部这一段落长城的战略意义。秦国修筑长城自是为了防御匈奴。这一段长城正说明了秦国当时在这一地区和匈奴对峙的形势。秦长城在这里曲折蜿蜒，走向时有变更。这种变更正显示出秦国在这里的战略重点。秦国当时是想借着长城控制着有关战略的高地，巩固当时的湳水，也就是现在的正川河及其下游的黄甫川这一条军事通道，尤其重要的是要控制位于现在十二连城附近的黄河渡口。"①

湳水即纳林河与黄甫川，自古即为中原政权控制北方边界的战略要地、军事通道。也就是说，广大河套地区自古即为华夏正统之农耕区域。自唐宋以降，北方游牧民族日渐逞强，先有十三世纪的蒙古帝国，后继十七世纪的满族统治中原，为这块农耕发达之地带来游牧文明。至此，我们终于明白古人为何对貌不惊人的黄甫川冠以和渭水、汉水"平级"的"湳水"之名，以显其地势重要。

黄甫川在失意黯淡千余年之后，随着明朝互市，清室禁地开放，打破人为设置的樊篱，成为影响华北、西北乃至外邦政商的关键通衢要津。在它的影响下，出现了"金黄甫""银麻镇""铁古城"及黄河官渡的杨家川口；正如黄甫向北成就了"银麻镇"，内蒙古纳林是向南推进，将一个岸边小村沙圪堵一夜之间塑造成一个晋陕蒙通吃的贸易大埠——那公镇。这几个"明星城市"，最终通过湳水合力打造出一座巨型商埠，北方的商业明珠——包头。于是，湳水之纳林

① 史念海：《鄂尔多斯高原东部战国时期秦长城遗迹探索记》。

河、黄甫川一改军事通道而成为冒险致富的“走西口”要道，成为穷人饿民的活命之路，产生了如那森达赖、二少爷父子、晋陕蒙哥老会龙头甄树勋及阎锡山、井岳秀、冯玉祥、马占山等与黄甫川有交集的时代强人。

湳水之纳林河、黄甫川载满了往日的辉煌。它的历史折射出河套地区的文明进程，同时也是中华民族逐渐强大的见证。湳水的地位沉浮在某种意义上反映着国家与民族的走向。我相信，黄甫川始终坚强而忠贞不渝，它所经历的成功与挫折一定是未来愈加光明灿烂的坚实保障。

2021 年 8 月 4 日

府谷清水枣林峁古墓葬群考察

枣林峁是清水镇管辖下的自然村。枣林峁一直以来叫“早离峁”，被后人演义为“枣梨峁”。枣林峁是最近几十年用于行政划分的规范化命名，和历史上千百年来当地百姓的称呼与意义大相径庭。

枣林峁位于故南塘城与古圪埮沟川犄角的至高处，村台坐落峁连沟浅，地势大致平缓坡慢，向阳面广，塌陷深绝鲜少，地形构造稳定坐实。尤其是七个圆形土丘最有特点，当地人名之曰“宝心圪蛋”，因此，枣林峁一直以来又被称为“驮个峁”（当地人将驮东西运输叫“驮驮子”或“驮个子”“拉个子”），意思是犹如驴驮马载的驮子，驮驮相连，浑然而行，气势十分森严而静穆。

枣林峁行政村耕地面积三百余亩，常住人口维持在二百名左右，虽然身处高峁，缺乏过水地，但是，由于土头密实又深厚，可耕作物易活，故而相较于周边村落算得上富足温饱之福地。千百年来，枣林峁村一直以平铺直叙不显其迹，和万千中国村庄一样，默默无闻地演绎着温饱自足的生命进程。

枣林峁的寂静被打破，它一夜之间声名鹊起，是因为盗墓贼和文物贩子。二十世纪八十年代初，大批山西、陕西走私贩卖文物的不法之徒昼行夜掘，后来成伙成团的本村人也参与进来，枣林峁深藏地下几千年的文物宝藏被疯狂盗掘。这些丧心病狂之徒，大量雇用当地村民开坑探穴，明火执仗，白天不停工，夜里挑灯继续战，简直肆无忌惮。一时间，枣林峁整个村庄变作一个随挖随交易的文物市场。当然，操控这一切的主角仍然是文物贩子，具体分工是，挖掘者为承包地主，贩子负责现场收购，指导下锹掘挖的是盗墓贼中的“专家”。村民雇工挖掘到见椁处就被驱赶，然后盗掘雇主亲自采掘，亲自提取陪葬器物。对一些不重要的墓葬，贩子们鼓励村民挖掘，他们立于一旁负责收购，价格低到油盐酱醋用度。一件青铜盘7元，一个青铜匜5元；至于墓中大量大小不等但排列有序（七个一组、五个一组）的陶罐，这帮人根本不放在眼里，一概不收，他们只关注青铜器。

枣林峁被疯狂盗掘和流失的珍贵文物究竟有多少，至今仍然是个谜，连当地村民（包括参与挖掘买卖者）也难估其数。

枣林峁盗墓毁坏文物活动猖獗，直到广州海关查找一件珍奇文物的来路时，查到枣林峁的信息，这才引起相关部门重视，盗贼才有所收敛。据说，1982年或1983年，广州海关查扣了一件青铜七级蒸笼，此件文物发现时全国仅有一件类似之物出土，实属稀世珍品。当审问其来源时，罪犯交代是从陕西省府谷县清水乡的枣林峁村收购得来。自此，枣林峁村文物盗掘贩卖的“热火朝天”景象才引起府谷县公安局的注意。经过几次突袭检查，拘捕了几名本地村民，罚款了几位参与者，震慑住了盗掘者的公然乱挖乱采行为，公买公卖行径变为私下的偷掘私采。明贼转入暗盗，却也灵省（府谷方言，指提醒）了当地不法之徒。这帮人利用熟悉地理和熟人熟事之便利，勾结境外文物贩子，将自己挖掘所获贱卖出手以满足一己肮脏之私欲。

枣林峁的盗墓活动在府谷县公安局多次出警、拘捕、罚款、训诫下确实有所扼制，以前的那种昼掘夜采的场景逐渐消失。至今，那些文物下落如何、年代有多久远、珍贵程度如何，已无人知晓。

枣林峁缘何成为古人葬制的择地？出土文物的规格、品种到底是哪个时期的形制？墓葬风俗究竟属汉还是先秦乃至更加古远？带着这些疑问，笔者于2020年7月15日上午8时抵达闻名已久的枣林峁村。此时正值府谷大旱庄稼晚种晚出的破苗期，所以，村民家家门户紧锁，埋头地里锄禾忙碌。出于本地人的熟惯，对于我的采访，他们没有更多的盘诘便向我问一答二地作了忆旧式的竭思介绍。

首先，经村民实地指证，罗列于枣林峁村的大小不一的七八个圆丘，即当地人称“宝心圪蛋”处均有墓葬发现，有文物出土。其他的沟渠背影处再无所获。所以，持续几十年的盗墓行为，不管是外来偷盗，还是本地村民挖掘，主要集中于这些平缓慢坡的探测，包括住家的脑畔、窑顶及圆丘边缘的塌陷断崖处。

枣林峁村以众多“宝心圪蛋”为特征，地面总体呈高台平复态势，无深沟险壑之破坏相，座底平稳，极具虎踞龙盘、森严肃穆之气，这一地形优势在府谷普遍的山峻涧深中实属特例。再加上左右有清水川、古圪垯沟川交汇贯通流过，所有这些临水高台，土密色纯厚重，阳光照射一览无余，独具特征，正应先秦乃至商周古人选址择地的葬俗习惯和礼制尊规。所以说，枣林峁墓葬年代应不晚于秦始皇统一六国前的赵国。紧邻枣林峁高台的东坡，即清水川正面西岸是被当地人叫作“故城（shéng）塔”的古城遗址。仅此一点也符合先秦列国“重葬，城、墓分区并居”的普遍特征，如晋国的曲沃墓地、楚国的随州枣树林墓地。

同时，我猜想，古人选择枣林峁作为万年吉地，是不是用地面的圆丘对应天上的北斗七星？

其次，根据村民介绍，枣林峁古墓属于集中分片（以各个圆丘为单位）墓葬群，其特点为：每个圆丘的至高处必然为等级尊贵的大墓，其四周依次排列，顺序而葬，葬制自然降级不等；墓穴无论大小均为直坑竖穴，单人单葬，直肢仰面，东南向；位于顶部的大墓一般为棺椁结构，柏木整装封顶，棺椁内外有木炭铺垫上下积垒堆围；大墓即主墓长约三丈（十米），宽一丈五（五米），深十米至十五米不等，留有码口（当地人眼中的墓道）；大墓规格最高，陪葬物件均为青铜器，至于物件种类、大小、数量，因为是盗掘行为，知情者甚少；而相较于大墓，外围的中小墓葬有棺无椁，有石板围穴，有直坑窑葬，深浅有别，陪葬品贵贱有等。另外，据村民介绍，位于石人坟的圆丘大墓的棺椁二层间，有上下两具尸骨。显然，这座墓主人下葬时举行过人殉仪式。而人殉在秦汉墓中几乎绝迹，无疑，枣林峁古墓至少在秦汉以前。另一位村民则提供了一个更有价值的信息。他说，他们六个人整整挖了八天，由于棺椁结实硬厚难以开启，只清理了墓底的一半，结果发现了一个马衔、两个车用铃铛。我推测应该是指人殉大墓，因为车马葬从来都是春秋战国时期的高规格葬制，只有公爵、侯爵、伯爵才能专享，这座墓虽然没有车马专殉，可等级也有点接近。同时，该村民还透露，尸骨处有鸡眼大小的穿线珠，有黑色的，有玛瑙红的，还有一些节骨穿孔的玉璲、骨坠。无疑这是一件项链组合，佩戴者可能是女子，联系到同时陪葬的车马用具，有可能是一位女将军。燕赵自古英雄地，殷商时的妇好女大将军就是明证。

枣林峁古墓还存在毁器葬，这是我本次调查的重大收获之一。几位村民向我证实，在靠近站塔村的一个圆丘大墓中，他们亲眼所见，在墓坑中有许多玉璧残件碎片，散落在棺的周围四处，那些玉璧的璧面都刻有突出的钮纹（他们叫“格捏儿”，即小如蝌蚪）。毁器葬盛行于春秋战国，秦汉时由于陶制明器替代青铜器，也就没必要再毁。但是，汉代的玉佩还是有毁碎的现象。不过，有村民反映，他们见过有些大墓的青铜器，被发现时已是碎散一地。

再次，根据亲眼见识和实际挖掘的村民描述，枣林岗青铜器大致归类有以下品种，依贵重稀缺分为：鼎，有大中小三个器型，大的圆口直径50厘米，中的30厘米，小的20厘米，三腿粗直，双耳，有纹脉；据一小学同学讲，他经手过的一个小鼎，内壁刻有文字，较少几个字。盘（当地人叫“洗脸铜盆”），大者50—60厘米开口，直壁唇厚。匜（当地人叫“瓢葫芦”），大部分为直柄平伸，也有空心直柄。扁壶，双肩佩有耳环并镶有露齿兽钮，高约50厘米，阔30厘米。兵器中的宝剑包括剑柄、剑铋，长三尺有余，刃利；有些剑柄嵌有玉石饰佩，两刃锋利可剃头，可能是明代遗物。戈、枪、矛一类的小件青铜物最多，锈迹绿垢可印证其年代久远，还有大量的战国刀币。据村民传说，文物贩子正在盗采时，突然有人惊报，公安局的人来了。这帮亡命之徒慌张之余仅将大件器物收拾入袋夺路而逃，剩余散落碎件来不及带走。最后，在公安人员的监督下，村民拾捡的碎片整整装了两大麻袋。我问其下落如何，他们说，当时背到清水乡政府，后来就不知道了。我问这些“不值钱”东西的形状，他们说有带柄钻孔的刀子样，有铲子样，还有宽片上面钻多孔的方片样。天啊，这方片再带多孔，说不定就是具有指挥权威的“钺”！

曾有多名参与盗掘的人回忆说，在他们的印象中，几乎每座大墓都有甗出土。他们把这些器物叫作“行军灶”，下面是三腿鼎，鼎上架着蒸锅。我问有无“锅盖”，他们说“有”，“锅盖”呈弓形，盖顶长有三条短腿，揭盖时可以安稳放在地上。我又问那“锅盖”顶部有无钮首，他们说“没有”。我又问到关于“蒸笼”的事，他们说，蒸笼出过几件，都是下面有鼎，鼎上架笼，层层不等，有五级、七级，笼顶一级都有盖子。全国先秦博物馆我去过不少，如此制作精美、形制独特的带盖带足的甗却从未见过。至于那带鼎带盖带足的“蒸笼”，只有在枣林峁古墓才有这般新奇的古物。

枣林峁古墓群出土许多铜镜，背面皆突出纹钮。也就是说，先秦文物几乎所有形制在这里都有展示，唯缺酒器及镈、彝级别的贵器。当然，连续三天的深入访谈，遗憾之事是难见一件实物之真身。

总之，通过几天的走访踏迹，再对照所处位置邻水邻城的高台平缓之地形特征，基本验证了我对枣林峁古墓群遗址的年代及国属判断。它的年代大约为战国或更早的春秋时期，距今已有两千五百年的历史。具体国属大概率为赵国，或可上溯到晋国。因为，清水村对面的大石山梁、小石山梁，乾隆《府谷县志》名曰“花石山”，自古就有赵武灵王踏迹石印、赵武灵王金牛拔角等传说。而且，清水一带镇守边界的作用只对赵国有此必要，因为“胡服骑射”，此地正处胡地边陲，防守兴战，成为边控的首冲。故城塔城堡应该是赵国将军固守常驻的重兵要塞，如此，推测枣林峁墓葬为群居墓葬才有了依据。而大墓面向东南，当时赵国的都城在邯郸，晋国都城在山西曲沃，也符合其方位。至于秦国统一后，秦始皇的官道直通套外的五原，即大青山南麓，再加上秦朝统治短暂，根本来不及且毫无必要在此屯兵设隘。有专家认为枣林峁古墓群为汉代墓群，而若汉政权设邑于此，如此规范的建制应该有史册记载，但截至目前还没有觅见任何蛛丝马迹。即使在一座大墓发现有毁器玉璧、铜质印章、铜质盘龙灯台等汉代特色葬器，也不能据此判定汉政权设邑于此，因为此墓已经远离枣林峁古墓群，处在去往站塔村的边缘地带，显然不属于枣林峁墓葬的主流。至于枣林峁古墓有大批成套的陶缸、陶盆、陶罐出土，我认为这些陪葬品仍沿用先秦实用器葬俗而非秦汉时流行的明器模仿。

关于府谷黄河文化表述的几点看法

文化，说到底是文明进程的集中体现，是人们在相互交往中形成的终极共识，是趋于高尚的文质表达。文化的产生象征着一种文明阶段性的总结，具有标志性的意义。

任何文明的诞生必然是受限性的区域行为，甲文明不可与乙文明同时同地共生。文化也一样，因地域性融入历史的关系，文化的真实表述必须在强调区域性的基础上展开历史的叙述。只有这样，文化描述才具有历史的高度和厚度，才能脱离地方性的束缚，走入解释人类文明的高端格局中。

人类文明始终维系在农耕与草原的各自发展、相互影响中。农耕文明直接受育于河域，如两河文明、尼罗河文明、恒河文明、黄河文明与长江文明。而由于地域影响，即使同处一条河域，文明诞生的早晚、质量的优劣又大不相同。

另外，所谓河域形成文明并不意味着文明只产生在河之两岸（或者说大河流域），如：人们常说，黄河是中华民族的摇篮，也即文明的孕育地、文化的诞生地；而从中华文明五千年的传承视角来看，黄河的支流——渭河流域具有更加重要的意义。故而，强调府谷黄河文化应首先考虑其区域性特点，说得具体点就是从府谷境内的黄河流域着手，遵循历史脉络，着重文化遗存。这种语境下的府谷黄河文化既脉络清晰，又具历史意义，关键是能为当下的文旅发展开辟一条广阔的黄金大道。

府谷入黄的河川名胜如下：

一、墙头黄河景观，莲花辿丹霞地貌景观，延绥长城起点，鸡鸣三省。

二、黄甫川“金黄甫”古建，“银麻镇”长城，“走西口”要道。

三、清水川清水“全庙”景观，清泉寺唐代建筑，哈镇马占山将军抗日基地，赵五家湾新石器陶址、城址，枣林峁春秋战国古墓群，南塘城遗址。

四、木瓜川“道教圣地”祖师庙，袁宝善父子的木瓜高小，柴家塬近代三百年人才聚落居，榆家坪府谷县委旧址。

五、庙沟门川丰州城遗址，沙梁古镇。

六、孤山川昊天宫皇家祭坛，唐代建筑标本，折家将墓园，宋明古城遗址，铁塔。

七、石马川寨山遗址，宋堡遗址。

八、黄河岸边宋代府州石城，荣河书院，千佛洞，黄河奇观水寨寺，晋陕大峡谷。

如果能将这些黄河水系所蕴藏的宝藏切实描述，即可发现，府谷黄河文化一方面是中华民族历史文化的重要组成部分，另一方面还塑造了府谷自身的文化形象。

2020 年 7 月 31 日于府谷

地方探秘

关于“府谷”名称由来的一点看法

“府谷”命名之争是近几十年的事，争议主要围绕“府”字是“府衙”之“府”，还是“府库”之“府”比较合适、贴近。偏偏府谷历来府治设于河皋之埠，离河之谷口两不切近。由此引发好学之人思考，既不能用“府”去联“谷”，组成一个可体味之新词确意，也无法舍“谷”单表“府”之衙署的完整。总之，“府谷”作为一个地名，入典进史，但从没有如“北京”“郑州”“绥德”等言简意赅、一目了然。

近日，翻阅《府谷文库：文史杂俎》，从杨国威先生《县名与故城》一文中，发现“府谷”名字的由来，就连历史地理学大家史念海教授也参与了解读，他说：“可能还是由于当地有这样一条沟谷的缘故。”意思是，“府谷”就是“一条沟谷”。府谷与对岸山西保德贵为府衙治所，其实，两县共处一条沟谷，隔河而居。人家“保德”能得雅名，而我们却只能享受以沟谷名“府谷”。其中原因，我想是山西自古为中原正统所倚重，属汉文明礼乐制度之发源地。

史念海先生研究历史地理的水平直追大家顾颉刚，二位是近百年来之双峰并峙，标杆式不可逾越之人物。史先生说府谷命名“由于当地有这样一条沟谷的缘故”，实在是精准到无可置疑。

其实，“府”字除“府库”“府衙”“府署”之意外，还可引申为“池”。《吕氏春秋》等古籍中有“五藏六府”的表述，后来人们写作

“五脏六腑”。说明“府”有蓄水之功用。“府”可以藏书、藏粮，也可以蓄水。至于“府谷”之谷，本身就是水流之溪谷。溪、谷不分（“溪”是“谿”的俗写，依《说文》，“谿”本义为山谷），此亦司马相如《上林赋》所谓“振溪通谷”之由来。至此，“府谷”之意，无非“深水之溪谷”。古人写诗曾用“府溪”形容溪流之深，自然也可以用“府谷”来状写黄河流经之地，保德与府谷之间经谷之水的湍流深邃。

古代地名有依国名、人名命名，还有许多是以地望、地理形态名之。如山西原平旧名崞县，“崞”意为四山之居中。原平周围众山，它居中间平稳如安享椅座，故名曰“崞县”。“府谷”得名也一样，依地势两山夹一谷，黄河中间流。府谷，黄水深流之山谷之地。史学大家史念海先生无须考略，从地貌、地望角度，一眼看穿精髓，准确毋庸闲猜妄疑也。

2020 年 12 月 6 日

明朝清水城的构筑之巧妙

府谷清水城作为延绥防线三十六营堡之一，其统领东部、捍卫黄河之军事重任不可小觑，地位自然隆显突出，正如南门洞额题巨书之“榆阳保障”一样确切正当。

清水因泉多水清得名，清水川自北逶迤而来，古沟水南绕与之交汇。左右二川如盘龙拱璧，将清水城护卫于高埠，形同夹背孤岛，高耸伟岸。故而，顺应军事需要选址布局筑城而就的清水城又有“四绝”之称。

清水城地势西高东低，呈缓坡状，阳光照射终日。水清泉冽，遍布山间沟涧。

明成化二年（1466年）设清水堡（五年后改升清水营），“依山坡而筑城”，即新城（清水自古有新城、旧城、南关之区分），意思是所谓清水城实指新城。因为，肇始于四至方正的中国人的筑城理念，只有取自小东门至西玉帝楼与南北对等的堑壕深墙，恰好形成四至方正的城池。小东门之外便是“拐把子”的旧城，地势险仄，规格难以布局，建设难以规整。事实上也是，清水城所有机关要门均设于新城，军守府衙、仓廪械库呈一字形布排街北，取“天下衙门朝南开”之威仪，与之相对应，街南则为皇商大户之赵姓买卖铺设，缸坊、油坊、磨坊、仓库一应俱全。新城主街道起始小东门，笔直向西，一步登顶全城至高处“玉帝楼”，尽极官威气派，四合孔正，清水城全貌一览无余，尽收眼底，明细俱现。

清水素有“四楼之秀”之称，其中的南门楼、北门楼与西面顶高的玉帝楼，尽皆耸峙于新城。新城的主街道，东西长，南北短，呈“倒十字架”形摆放。史书记载“楼铺林立”，主要是指这一地带。

清水又有“全庙”之谓，不过，明朝构建的清水城官衙、庙宇，包括戏楼，百分之八十集中于新城。自城隍庙往西上坡，新城基本上被分为两部分，较高处全为各类仙道的神宇僧侣和尚所占，庙宇栉比，法象森严。坡缓近平处为市井商侩，货郎贩卖，茶楼酒肆，军民共容，官弁齐欢。

清水一城之最在新城，新城之新奇在巧设“阁背后”，也即“玉帝楼”（楼、阁不分，自古为一体）背后通连西面的官道墕、大路墕、墩儿墕、木瓜园堡、孤山堡等大面积连绵群山巨壑之中的军事要塞、关卡险隘。清水城三面临水，新城位于最高处，外环水绕，城坚墙厚，环城巡防马道挂于深沟绝险之半腰，本身构成自保之势。唯有西部顶端和梁峁厚土相接。所以，只有领略清水城至高处——玉帝楼阁背后的墩台布局、庙宇设置、寨门洞的关卡密严，方可顿悟清水城的规格之高、设计之妙。

玉帝楼阁背后周围为一抹平丘，约三百米向西是一百米见深的玉皇沟，从军事设防的角度讲，这叫断背于绝险。至此，清水作为悬孤要塞之防御重镇就算彻底完成。在玉皇沟通掌与瓦窑沟之山脊冲西北，即若遇清水城河漫水阔真正成为四绝之塞时，这里便是唯一通向西南营堡的咽喉之径。事实上，长城“大边”以南，墩台、烽燧最为密集。由此出发经大圪垯村到边前湾、五里塔、官道墕、大路墕，翻墕头村抵木瓜园堡。随着官路延伸，沿途之烽燧高台低座更是明筑暗设，随处可见，若隐若现。

有鉴于此，清水营守军指挥在玉帝楼阁背后，在直线距离不到一里的西南与西北，分别设置两座墩台，只是相对低处的墩台忒显高大壮伟，等高于城墙的玉皇阁。而西北高处的墩台，由于地势属于清水全城最高点，因而相对体量不显壮实，可是形象之巨大、视野之极远，在周围所有墩台中，数它最为霸阔与亮眼。这两座墩台左右对峙，一高一矮，犹如森严卫士，岿然不动地守卫着清水城。

感受清水城防御之细密，建关设卡最让人心醉之处，是紧邻西北墩台之下，与玉皇沟比邻，顶头两沟掌形成的一条隔断小径，这也是非常时期扼控清水城唯一关键之瓶颈。古人在这里专设一卡，寨门低筑，机关户枢插杠健全。由于寨门设于咽喉要道的低洼里端，所以，立于高台之上也难以识辨其机关，可见其隐秘之处心积虑，军机大事之严密慎行。寨门洞上端同样修有敌墙围栏，虽然地段紧掐，施工依然入行中规，充分体现筑建指挥对此地严防死守之决心，以至不敢有丝毫麻痹大意。此一要塞之密设，同时也证明清水城建筑之巧妙。守住此处，清水就是活城；此处破关，清水城便真正掉入四绝之地，成为孤悬之瓮鳖。

武备既然严密，文章的华饰自然也要配全。中华文明之文华武备、铁卫文韬，张弛相宜，蔚为大观。玉帝楼阁背后在墩台暗道森严齐备的情况下，相对应地在西北墩台的怀前高地建起一座寺院——黑龙王庙；在西南墩台，与玉帝楼平行的城墙外，瓮城南建有一座毕雨庙。两座寺庙宛如清水城冠顶的玉簪，装点着美人乌发，气质俨然。

清水城，明朝延绥防线一颗璀璨的明珠，立于玉帝楼阁背后的西北墩台上，清水城不正如天极之北斗在地面之巧布？寨门洞、西北墩台、西南墩台由高到低连缀成“勺柄”，弥合处正遇四至方正之新城即清水城之“勺斗”，真正的地应天相。

2021年4月6日

府谷清水大石山梁补记

大石山梁屹立于清水川东岸，清水古堡北三里的地方。由于它孤耸独傲，危势奇拔，自古就享有府谷境内“难得至高”的尊名。

大石山梁是我们当地人对它的称呼。而在乾隆《府谷县志》里，有关它的记载是：北山峭壁耸立，山石皆红、白、青色相间，因名“花石山”。

大石山梁留给我们太多的印象，正如我在拙作《山榆笔记》的《传说三则》里所述：

> 一直以来，清水人认为，眼前突兀高耸的大石山梁，阴晴不定，变化莫测，云遮雾罩，神秘幽幻。据说，其间游走着金牛。故而外面弥漫着的虚幻，都是金牛作法所为，借以掩饰自己的行迹。
>
> 一次，战国七雄之赵国的赵武灵王，胡服骑射，路经此地，观此山气象奇伟，神秘莫测，再听闻有金牛一说，遂决定留守，一探究竟。
>
> 一天，大石山梁上空，紫气祥云罗织，百啭灵鸟密布。突然，随着土地山川的微微颤动，一只金光耀眼的牛角，正从山石间踽踽而升，快到弯角处，心急的赵武灵王伸手就拔。结果，只得一空壳金角，金牛遁形而去，杳无音信。

不过，清水人还是坚信，金牛还在，只是没遇到德高至善之真主，所以不愿现身而已。大石山梁印有赵武灵王力拔金牛角时的踏迹，还有驻跸时开凿的石室暗窖若干。

时集历代，清水人名字中，涉“宝”字者多，端直叫“取宝”“趋宝”的更盛。

大石山梁崇高伟岸充满神奇。关于这一点，乾隆《府谷县志》是这么记述的：“其南山湾曲回绕，中、北二山石多玲珑，下有‘玉皇洞’，详洞。山巅有石塔，高数丈，一名‘塔儿山’，上有烽火墩一座，即明刘宁败寇处。一云刘事在清水边外塔儿梁。飞崖百仞，山巅有大石，遥望若虎蹲，因名‘石虎山’。”本段对大石山梁怀前的描述完全属实，那虎山仍然威风凛凛，那洞窟还在。至于那洞顶石岩的塔，郑居中纂修《府谷县志》时就已不复存在，现在其顶只剩一轮硕大磨盘和几方积水的窟窿。明朝大将刘宁败寇是否也在此处，没有考证，暂时不敢结论。但是，离大石山梁不远二三里的北面山梁确有一个叫“塔儿梁”的地名，估计这八九不离十是真事。因为，那个塔儿梁距离《府谷县志》所云“清水边外”不过七八里地。

对照二百多年前的旧迹，唯一遗憾的是，“南山湾曲回绕”现在被一个化工厂替代。所谓“湾曲回绕”其实是指，大石山梁与南边的小石山梁中间靠一座土山梁隔开，山坡陡立，形成的沟自然深且长，当地的人们习惯把它叫“大石山沟”。在农业社时，我们队的地就在那面长坡的背面，被称作“高垄背后”，正好和大石山梁隔沟相对。

大石山梁怀前的小石山梁之所以更令人着迷，主要是它的峭壁上凭空悬有四个道教、佛教的寺窟。其中东边的第一洞，洞门凿饰精美，廊柱、门联一应俱全，清晰可辨。门额石刻“真阳玉皇阁”，论形体、功力绝非地方乡野所能书写。有关这些悬阁神洞，当地一直流传一个说法，即洪荒之年的一天夜里，不知从哪里来了一些神工巧匠，没费什么功夫就将山洞凿成。不久，就在天际放亮之时，适逢一驮炭农夫路过，因好奇而问："你们那是做甚了？"一掌柜模样的人对曰："我们准备建一座神山，规模有五台山那么大。""就你们这点人能建成？可不行！"驮炭农夫说罢，摇头而去。世上万事万物都讲机缘，机缘之忌就在一个"破"字。掌柜住持自然通天识机、悟玄参妙，既然机缘说破，也只能万里宏图就此半途而废。

当然，传说终归是虚有之事。根据郑居中记叙："'石山梁窑'即'花石山崖'。崖面似危墙耸立，上有石窟四座，长、深、高、宽各有一二丈。第三窑内就石刻玉帝、罗汉诸神像，左墙内有一阁同。第四窑石刻神像不甚显，内左墙微有碑形，上刻'弘治二年二月开光。钦差宣府将军陈统'字，余皆残阙。又第四窑顶有石塔一座，倾折坍毁。旧传有外方人来此塔取宝去，因致损塌云。"对照此文，现在小石山梁的四洞依旧，里边的天花板莲花有些脱落，有些依然叶鲜花艳。大小神像石刻，有的头首不翼而飞，空留石身还在；有的壁凿佛龛整齐排列，按部就班。乾隆《府谷县志》中最令我感兴趣的是那碑形刻字，它首先声明此山洞建成于明孝宗弘治二年（1489年）。其次，作为钦差大臣的宣府将军陈统名刻此山，说明凿刻此洞的规格之高，和朝廷的军事布防联系在一起。明朝边防共设九卫，宣化卫负责京畿核心安全，榆林卫重在防范外族的入侵。一个京城将军跑到千里荒野的清水营行使钦差使命，并留迹于乱石悬洞之中，可见当时清水在皇帝心中的分量。

2018年8月22日

府谷境内明长城砖厂梁段考察记

从庙沟门川口子东岸直翻山脊到砖厂梁最高点，我背负明媚的阳光，兴致勃勃地探访了沿途墩台长城十余座，登高目睹二十余个墩台被长城像穿线珍珠般连缀而成的壮观景象。

首先让我惊讶不已的是，长城“大边”“二边”在目光所及之处，整个面南长坡缓行的背沟贴边，长达三十里的二十多座墩台一字排列，天衣无缝地组合在一起，极具观赏性。从低处看如威风云峨，高不可攀，凸显国防重地之凛然不可侵犯；从高处临又仿佛天降垂珠，款款有致，力证礼仪之邦之整饬规矩。

明长城自筑建以来，由于以城堡、墩台为主体的“二边”普遍早于以筑墙连线的“大边”近一百年，故而在近五百年的历史长河中，有关“大边”“二边”的起建时间、各自距离远近及“大边”“二边”的规制、级别与功能等，从来就是史家和长城爱好者探索及研考的重点话题。一般而言，距离城堡、墩台极北的是边墙（大边），如黄甫、清水、木瓜、孤山营堡。来到砖厂梁沿线长城，纠结了几十年的谜底突现。原来，这一带长城将“大边”的墙直接就抵作“二边”墩台围院的一面，既做围院，又当长城之墙用。所以，来到此处的明眼人，一眼就看清所谓“长城”就是边墙、堡寨、墩台、烽燧、仓储、官路之合称；迷惑于“大边”“二边”者，可以将相连一体的线识为“大边”，将间隔有序的围院有墩的单体认作

“二边”。后建之“大边”，其实就是将前建之“二边”通过墙体连在一起，从而构成明朝防御体系之总称“长城”。

如此将“大边”“二边”巧妙地结合，完成完美的“大长城”概念，我认为在全国范围内也属独一无二，实乃府谷之庆幸，是古人智慧结晶之奇迹展现。

其次，中国人对长城的印象，无非是一墙通连，凌驾于平原、山脊、河川、梁峁沟涧。很少有墩台醒目，围院错落其间，影响其整齐划一的威武单一形象。砖厂梁一线长城顺西南缓坡逶迤而去，如优美抛物线而下，如劲箭射出而极远，直到若隐若现而缥缈无垠。它之奇异在于长线剔除单调，如缎带缀结着花朵，间隔有致，高低协配，其大小匀称恰似天仙玉手裁成一样，合理合规，极具观赏价值与军事布局之经验，令人震撼并由衷敬佩。

砖厂梁长城每一个墩台必备一个围院，墩台耸立其中。围院分为大中小型，最大者边长约80米，呈正方形。院墙高5米有余连堞口，厚3米，中间通道可跑马。此墩台论形制规模足以和榆林镇北台相抗衡，立于台之顶端极目，其气势令人感慨万千，凛然之不可凌犯，比之平铺直叙于沙漠中的镇北台就更不在一个档次。

其余墩台围院渐次中小规制，秩序一定，绝无任意缩编、放大等不负责之纰漏。砖厂梁一带长城每墩相间一里，墩台大小、规格、级别有制定，如基本奉行五里一中墩、十里一大墩。中墩不仅台高厚壮，且台顶都设哨楼、箭垛、储藏等备战应战设施。小型墩台顺山势而筑，论高伟壮实一点也不输于大中型墩台，只是围院面积次之，台顶建筑仅箭垛堞口而已。因为取山势依次而筑的关系，置身砖厂梁的每一位游客，都会震惊于各个墩台的英武、端正与巨人般的高大伟岸。砖厂梁墩台在职责功用方面有差异，而论形象挺拔、气质颜容则是个个堪称好汉。我曾步量目测一个低位墩台，尽管秩品属小型，可它起座于六层台积以上，从地面算足有三十多米，加上其身后的深渠大沟，观之有深插云霄之眩晕感。

砖厂梁长城每墩必备一围院，说明明朝边防在这一带采取“独立自保，步步为营”之堡垒制防御，而不是如清水、黄甫营堡般集中兵力于城寨，边防哨卡留守。一旦有衅，调集以赴。平战有别，缓急随时，说明机动性很强。据府谷学者张怀树介绍，木瓜至孤山以砖厂梁为界，属于木瓜营堡管辖的边墩31座，不算腹墩，孤山营为51座，总计82座边墩分布于70里一线。可以说，从木瓜至孤山是长城沿线墩台最为密集之区域，完全颠覆了“大边”与“二边”相距比较疏远、互为表里的常识概念。

另外，以明朝防线守川为要，30里筑堡惯例，从木瓜到孤山70里至少应增设一堡营，更别说该段防线有一重要口子——庙沟门川，其距蒙地羊市塔近在咫尺，骑马只需一顿饭时间。之所以没有营堡专设，我认为主要是因为这一区域人烟稀少，市贸冷落。再加上地势单调，适合人畜饮水生息的规模性地段无险可恃。所以，与其曲折艰难勉强建城，靡费公帑，还不如强营固堡，分人分户立足墩台。责任明确，编制定岗，班练就近，里训联合；挥旗暗语，烽火交接，时刻备战，枕戈待旦。遇有重大军情，驻守孤山、木瓜两营堡的大军可即刻杀到，即时增援。由此，我彻底明悟为何木瓜园堡原为哨寨指挥，后才升格营建为木瓜园堡，比清水、黄甫、孤山建城立营的时间晚了若干年之久。同时也让人通晓为何孤山营的地位一直未变，而木瓜园堡长营短，变更频繁。

总之，砖厂梁沿边长城的点线结合、配搭规制、气象森严是长城这本大书的别章另篇，对了解、热爱长城者而言，绝对是不可轻易略过之大发现。它的意义必定深远，需要进一步深研细考。当我在无限崇仰其规模俱在之时，尽管其只是难堪地赤身裸体（我问村民得知，当年生产队专门成立“拔砖小组”，长年累月由壮劳工匠负责，将墩台、围院的墙砖、券洞、门楼，一凿一斧，一层一堵，片瓦不剩，泥灰不留，干净利落，拆除运离；正因为是组织行为，所以，这些墩台历经剔剥劫难，仍然体格周正健壮，棱棱挣挣，很少有颓圮、坍塌的情况），我仍不免为两个遗憾而惋惜。一是自己对此段长城的无知。我奇怪全国出了那么多步行长城者，其中不乏“大腕”级别，却从没人提起府谷这段的超卓奇葩。二是，如果早知道砖厂梁这个地方，2019年榆林电视台拍摄50集大型纪录片《榆林长城纪事》时，我一定会领人来这里，何必在别处徒劳而将极具古代人民智慧又极显长城非凡创造特色的这一段遗漏？

学习古代无止境，一切遗憾由无知不学造成。在一个下午奔波攀爬，满载收获惊喜的激动轻松之余，我问随行的刘洪兰：“你是如何感觉此间长城的不一般？”刘洪兰深有感触：“我那时任教于庙沟门中学六年，每到星期六回家，总是先翻砖厂梁下木瓜川，经墕头、古圪垯沟、清水、界牌村到黄甫。沿途虽然墩台绕不开眼，但是，总感觉黄甫、清水墩台论雄伟论规制和砖厂梁的长城沿线比，缺乏一种大气磅礴、令人震撼无比的惊绝之叹。”

我相信，今后府谷人又有一出令人骄傲的荣显大戏要上演，最起码对热爱休闲者而言，端直新增一处领略长城伟大神奇的好景致。

2021 年 4 月 14 日于府谷

府谷“胡桥沟天然景区”再探

2021年4月17日，我与朋友对“胡桥沟天然景区”进行了一次深入细致的踏访。一条溪流清澈欢歌，间或碧湖沉蓝如九寨沟逸彩，时现芥草连贯湿地，雏鸭嫩虫觅食。有障目处，巨石横陈，昂首露天夹缝，个个生龙活虎。整整一个上午，十五里路段在触目惊心中掠过，探访古地质博物馆，目览“洪荒造石运动”，体会胡桥沟自然人文景观奇迹。

胡桥沟景物实览，我最终撮其为五要，即石、水、木、行及人文景观五绝。收尾在沟岸山腰的阳面小村，风水绝佳之地——党家畔。这里花红柳绿，泉清溪流不绝于耳，瀑布、池水蓝印于天。更有巨室藏兵洞悬于半崖，一木通途，自绝敌人在万仞之壁险。可见党家畔党姓族人来历之不凡与神秘。

胡桥沟乃旧游之地，常阅于心。记得2019年五黄六月之际，在府谷文史研究大家张怀树的热情引荐下，我曾饱览过胡桥沟秀丽山水、神奇景观。那次游历最打动人心的是石头，它们奇峻险怪、生动活泼、夸张烂漫的形象，一直让我记忆犹新。

胡桥沟一路最为壮观的景点由石头组成。墓虎湾自带神秘氛围，极具蒙古敖包垒石祭祀之异域风情的塔林，以石直竖，选型造景，而且不着任何泥土黏合，全凭矶石自赖自垫自撑自立，形影绰约，实乃胡桥沟石头艺术之杰作也。

胡桥沟数十里不过，竟有两处人为造洞，即胡桥寺对面山崖高处的石窨，党家畔村邻山顶悬空藏兵洞。其年代久远，开山凿石而成。这说明古人看重胡桥沟，其地势之危逼、石头之诚实憨厚，可担大任。

沿小溪河面，踩石跳涧，逆水而上，不停在洪荒巨石间穿行，直到党家畔村底沟，因乱石挡路实在无法前去为止。其间路程十余里，乱石渐欲迷人眼，俯昂皆见石为大，给人的感觉像是忽然掉入石头阵，左突右转难逃其纠缠，上蹿下跳终不脱其妖娆羁绊。这些石头出世便显霸道，有的横卧，有的竖躺，有的悬于半崖，有的危垂于唇岩。这些各显其威、身怀绝技的石头，个头高过楼层，块头超越房顶。

英国的巨石阵毕竟是人为生成的，勉强形成几根条石，组成一个“房子”而已；南太平洋复活节岛的巨人石雕，也不过是在石柱上刻出眼鼻嘴唇，引发人们莫名其妙的猜想。真正谈“石”之震撼，此二者与胡桥沟不能相提并论。我认为，胡桥沟一带，尤其是胡桥岔口以上至党家畔，以阵容之庞大观，以摆放之无序测，以超乎想象之荒古论，以震惊之视觉感，就是一处黄河形成前的遗弃之所，活脱脱造山运动的原始展，中国的“地质博物馆”。

人类以石拓荒，凭石而据，造石进步，悟石感化出所有玄思妙想之精神领域，如神话、科技、文学、建筑、音乐、哲学之丰富多彩。可以这么说，人类智慧皆启发于石头，对石器的掌握使人区别于动物，有了质的飞跃，是石的内涵启示人类向新的世界迈进。故而，古典名著《西游记》中集聪明、智慧、刚正、勇敢于一身的孙悟空只有从顽石中诞生，才显得名正言顺，有理有据。天下灵性非石莫悟也！

胡桥沟巨石不仅聚集成阵，而且因为太过生动而趣味十足。胡桥沟石趣因所在位置的高低险易形成立体空间的裂变效果，很容易刺激人的视觉感官，引发联想从而进入艺术再创造。如一尊秃顶硕大的浑圆顽石蹲立河岸，神情泰然，默然不顾风物草飞，同行占满君忽然惊呼：这不是悟空转世的那块灵石吗？吾曰：倒像是老子悟道。再有如一当河巨石，稳盘大坐又四棱齐整，壁面斧正，顶部平展如水磨细研般明净且肃穆。占满左端右详，沉思道：我怎看像极赵匡胤与陈抟老祖华山对弈的那个大棋盘。一路好奇，争论于演义的奇峰怪状、庄谐痴怪，深情淡寡有"佘太君挂帅"、二石互探"西口难离"、双头贴面"一吻万年"、"护法天王"、"龙王巨玺"、"海龟迎日"、"虎岩啸月"……更有一方八面隆硕滚石，止于危崖，仅靠一块半砖似的条石支垫其棱角，其脚下陡坡100米处，一巨型长方石如顺切成块的豆腐般摔倒在地，我说"千钧一刹"，占满则曰："太嬲了，正往下跑，一看大孁被掼了个马爬不起，吓坏了才变眉失眼强劲儿刹住脚。不然，一头失上个非死即过量，还有他好的！"有道理，就其"命悬"之危势看，事实是不能再往后推测，越想越惊魂，越想后果越严重……

胡桥沟赏石最终经一条羊肠反复"之"字形小道，爬上党家畔半途，回首再观满川满沟的怪石陆离，横躺顺卧之高大巨硕的各式形态石头不成规矩，可又趣味十足撒落一地，真犹似孙猴子大闹蟠桃宴，几歪凳腿断，珍馐玉馔香热，杯盘狼藉难堪。确实是好大的场面，好生的热闹！故而，走进胡桥沟石头世界，亦如步入梦幻大殿堂，各人依据各自的理解，发挥各自创作的短长，进而对大自然的神奇赏赐产生最富美意的猜想。胡桥沟观览之所以刺激有趣，面对冷石而不觉单调乏味，就是因为在这种不断转换的类似情景剧般的艺术打造中，在不断联想并设造意境的自我创造中，完成了精致的游览与欣赏。

胡桥沟除石阵石趣，还有一尊天赐宝物，即水流的清澈浪漫、美丽大方与千变万化，给人以清纯净洗的美好遐想！正如我在2019年的游历文中所记："沟涧纵深，夹岸山石崎岖，相互间眦瞪目怒，奋拳捋袖，大有即刻将爆发冲突般的紧张感。难得的是，在普遍川干河涸的北国境内，这里的溪水清澈若碧簪，湍湍而流，佛如一曲绿云凉风的曼调在飘舞缭绕，瞬间化解了剑拔弩张的电石火爆与干燥，让人们在伟岸中体验舒缓，在侠义中感受柔情。"

胡桥沟的水泉响叮咚，如音乐、如缎带时刻缠绵萦绕在耳边、在眼前，为你驱离着灰白石色的审美疲劳，为你接风洗尘。这些蜿蜒曲折的溪流如漂浮的五线谱，来自云际，穿过乱山，低处显能极尽娉婷妩媚，展妍动容在潭水中娇情弄姿，顾盼迷人；平坦草泽则蜂腰嫩舞，裙摆溅花拨撩芬芳粉蝶无数，缭绕浪漫醉心。幸亏这一抹不绝的清溪，否则灰暗压抑的冷色难以让人躲过单调，抖掉静默，心随景喜，释然轻松。

胡桥沟的水还有一个极品优势，就是在其上游巨石间隙，因冲击迂回而形成的积水湖状小潭，因阳光与石子交相辉映的关系，积潭表面竟然如染色一般，浅淡深绿翠嫩净洁比翡翠，更比蓝宝石迷人沉醉，如地中海式一泻千里，风情万种。我见过九寨沟的七彩湖，而镶嵌于黄河岸边的胡桥沟的"沉潭印彩"似乎更加深情重义，更加大气旖旎，醉人心魄。

游胡桥沟，石让你震撼，水更是让你魂不守舍，心醉神迷。

胡桥沟景观令人赏心悦目，梦随景筑，第三位功臣就是树，我更愿意称之为"木"。这些树木往往会在不经意间露脸，让人亲切万般像是吻唇贴面似的温馨热乎。它们勤劳灵巧，忠心快意，一年四季为胡桥沟的美色梳妆打扮，浓墨重彩，不停地替换着衣裳。春花夏荫秋艳冬雪，生生让灵石吐芽，众山披绿，一叶载石遨游，大山跟绿起舞。

胡桥沟树木多为人工栽培，边头堰畔，青坪湿地，水绕林延，片片葱葱，缥缈若无。但是，毕竟因地势的紧掐逼仄，这些树木见缝插针与汹涌的石流过招，它们有的攀岩而生，有的扎根为盆景，有的从山崖斜刺里杀出，有的像顽皮的孩童生拉硬拽在唇岩的下颌，展现出生命的顽强与多彩多姿。树在胡桥沟不占主导，却很贵且稀罕。它的间或出镜寓意着希望的降临，仿佛胡桥沟白嫩热腾香浓美食上面的葱花撒青。

畅游在胡桥沟，几十里路不觉冗长，原因在于景色变幻莫测，清新时刻闪现。胡桥沟起始黄河滨岸，一般是舒坦缓慢的抒情田园格调起奏，村舍入画，炊烟如缕，牛羊散处，鸡犬不闻。随着山架收紧，河道笼缩，桌面上只摆放两样东西任选择——石头、水。偶然有几株杂树点缀其间如音乐响起，是小提琴般苦涩与挣扎。再往后到胡桥寺分岔朝南，石头中的不甘寂寞者，从山顶下到沟地，横七竖八，仿佛是绿林中人抢劫前的聚会，个个摩拳擦掌，人人厉兵秣马，使出浑身本领，准备一战成名。地面窄巇且前拥后堵，恐慌压抑汗流浃背。嘴惊舌诧如入长江三峡之巫峡险道，命运挪移着脚步，无意间推开劈面黑门大山，转眼又是水长面平的另一番天地。古诗云："山重水复疑无路，柳暗花明又一村。"来到胡桥沟峡谷，意境中少了些许疑虑，增添的是更多明暗折叠而又曲折不尽的浓墨淡写的原始画面。粗犷大意，自然落迹，去尽浮杂，秋风不扰禅机。

胡桥沟一笔九曲，蓝天白云，峰转巨石，碧溪调配，随机着色构图，心领神会上苍赏赐之玄机哲理。一句话，妙在变化中的通玄识机。

胡桥沟迷人且魅力无穷，可爱之处在于纯自然景致中加注了许多人文色彩，这些遗存实迹与神奇传说，彰显着美丽与生动，让人向往重重，羽翼试探究竟，无形中将生命的帷幕伸长，做与云神游般古趣遐思闲想。胡桥沟墓虎出没，虽然诡异阴恐，但对喜欢神秘探幽者而言，很动听也过瘾。在深入党家畔的蹊径途中，细心的人会发现许多摩崖石佛造像，有藏于山之岩壁，有露身在巨石正面，大小各异，纹饰线条飘逸，坐立俱现，神情通体奕奕。至于无法攀缘真实亲睹者，遥望其高格俊逸则更显逼真，如飞来之仙侣神侠让人想入非非。胡桥沟更有名的神话是“狐衔寺”，传说胡桥寺选址本在党家畔沟底一转角的逼仄坡上，某天一早，工人开工时发现画线用的线桩、橛子、木棍全部消失，人们四散查找一无线索，唯有一行狐狸踪迹清晰可辨。于是大伙沿迹而寻便来到胡桥寺，只见线桩、木橛依旧，大家顿然明释，狐仙显灵，吉祥自定，从此将就地落成的寺庙取名“狐衔寺”。胡桥沟最具智慧的人力工程便是难以攀登的、悬空半壁风雨不侵的凿石窨穴。论规制，论做工，虎头岩对面的石窨应为民间水平，而党家畔村邻的当属“政府公办级别”。两座洞窟石室均具艰难险阻破胆喷血之惧，胆大好奇者可以谨慎前往。

胡桥沟作为旅游名胜，所有奇、险、怪、爽、惊、艳等猎奇特色均显足够备齐。近闻当地乡镇村委又有着力打造开发规整之意愿，果真如此，我想不久的将来，胡桥沟一定会是闪耀晋陕蒙的一张精彩名片，府谷的名字也会因托底黄河的胡桥沟山奇石秀水美而名誉八方，大放异彩。

2021 年 4 月 23 日于府谷

《榆林长城纪事》拍摄记行

榆林电视台50集大型纪录片《榆林长城纪事》是为中华人民共和国成立70周年献礼之作。2019年8月6日至8月14日，我有幸跟随《榆林长城纪事》拍摄组，对延绥镇府谷境内的明长城、营堡、墩台进行起始实地的拍摄，其中包括旧址遗迹、古代建筑、壁画等艺术遗存，还有英雄人物、风俗掌故的介绍。借此弘扬中华优秀传统文化，增强民族自信心，唤醒人们对历史文物的保护意识，进一步增强人民团结奋斗、共建美好家园的凝聚力。

此次《榆林长城纪事》拍摄特聘专家李春元先生是我非常敬佩的一位长者。李老师长期从事明史研究，尤其对延绥镇防卫十分了解，为此他有《明朝榆林总兵》专著出版，堪称明史区域性研究方面的绝对权威。在整个踏勘、采访、拍摄期间，李老师不落半步，行止稳健有度。遇高危绝险毫不畏惧，坚持亲临体验，极大地表现出一位学者应有之“实事求是”风范。李老师为人严谨，不苟言笑，勤学好问，虚怀若谷，每日有他相伴指导，大家伙就像有了定海神针一样，指归有定，心静气若。

当然，此次《榆林长城纪事》拍摄最浓墨重彩的一笔非府谷籍人士、电视制作资深专家张文斌莫属。作为本次拍摄组的排头兵，他本着为陕北历史文化骄傲、为家乡父老争光的初心，从开始的精选良将，到整个行动的运筹帷幄、轻重取舍、后勤保障，再到拍摄安排、主题定调、分集兼顾、古今衔接，可以说面面俱到，成竹在胸。拍摄组分工明确，专人负责，而在具体运作的过程中，无时没有他的身影出现，感觉他扮演着集领导、导演、编导、拍摄、策划于一身的综合身份。短短八天的接触，文斌让我深切感受到新一代陕北人身上具备的厚重朴实、谦逊大度与天生的不畏困苦之本性。

本人有幸参与《榆林长城纪事》府谷段的全程拍摄，八天之中，写成以下手记六篇。一是显示我对家乡人文历史地理的酷爱，二是充分展示以我所学探究府谷对中华民族贡献之末见。为家乡尽绵薄之力一直是吾之为学最大的心愿。

是为记。

2019 年 8 月 20 日抄于渭南山榆居

第一天　清水营

清早出发，戴月而归。《榆林长城纪事》栏目摄制组今天完成了对清水营的采访拍摄。主题集中在清水营的建制、清泉寺大殿的唐建风格、老爷庙壁画的元明艺术特点、转角楼墩台的防御作用、西山墩七星并连的军事意义。

我曾著文命名清水为“千年古镇”，通过此次走访，深入了解，尤其是枣林峁墓葬群的劫后证实，清水应为两千五百年古城。因为据枣林峁当地村民讲，他们村曾挖出圆口、双耳、三足铜鼎，大、中、小三种。府谷县政府立有碑铭称“汉墓群遗址”，由此我判断时间上推一千年一点也不为过。首先，青铜鼎显然不是明器陪葬。其次，汉墓早已用陶器取代青铜器。再次，汉代府谷不可能出现用青铜作葬器级别的王侯。故而，出现青铜器葬制的只能是春秋或稍晚的战国早期，最晚不超过赵武灵王的“胡服骑射”时期，距今至少也有两千五百年左右。据我调查，那些鼎有的刻有铭文，少字、多字不等，有的字刻于鼎外，有的刻在里边，如果没错的话，这些宝贝的年代至少是商末周初。墓葬在，城址自然不远，也即枣林峁东坡下的南塘城，当地人叫“故城塔”。故城塔遗址很有可能是战国时期赵国北方关键城隘，秦统一六国后，它的地位一下沦落为荒野颓址。南塘城在唐、宋时是驿站性质，直到明朝放弃榆关、胜州、丰州的防守，修清水新城时，清水的战略要地又被朝廷祭起，清水城才又一次迎来了它的辉煌。而这时距离其前次的显耀已过去一千多年（明成化二年即1466年修清水新城）。

清水营现存古迹首推清泉寺，它为唐代建筑风格，即檐前七出昂的斗拱设置，凸显大唐建筑的奢华、豪迈及雍容大度。但是，其莲花础石的明露又极具宋代建筑特色。我认为这是隔代维修形成的紊乱，如唐女穿了一件宋服，因为，殿内横梁“大唐尉迟氏督建”的额批字帖是轻易不可批驳的铁证。

清水最具艺术价值的遗存是老爷庙壁画，它分为关帝庙和娘娘庙两部分。2018年，清水当地有识之士为拯救这些艺术瑰宝，自发组织成立文物维护筹委会，清水人自捐资金，自愿做义工，才将濒危的部分壁画通过揭盖庙舍、加固地基等方式保护下来。令人痛心的是，由于抢救不及时，仍有大面积精美元明壁画被雨淋掉，随墙塌毁。文物不可再生，一旦损毁，岂止是千年一叹！

转角楼墩台可谓长城沿线最完整的墩台遗存，置身其上，五百多年前的金戈铁马瞬间袭来，衰草凄凄，夕阳残照，感谢善良的当地人民宽怀及物，让我们有机会重新体味过去的诗意。

此次拍摄，我本意想重点推荐青春峁西山墩的七星联璧墩台的奇特景观。一是，它的列阵首先符合明长城有墩守崖即无墙的修建特色。二是，此处临渊深沟，其涧即为蒙汉严格界限，绝命死守不可轻敌逾越。三是（也是最为亮眼之处），它的包面砌墙全为弃砖石垒，而所用石条长宽厚尺寸统一，细缝紧贴，收放严格，没有丝毫马虎可目觑，严丝合缝，清一色石条到顶。近身感受，威严壮观，气势逼人，俨然大国工匠之杰作。

唯留缺憾是，当我们匆匆赶到之时，天色近苍，夕阳瞬息即逝，没办法近得身前，只能作远视而归……

2019 年 8 月 8 日凌晨于府谷滨苑

第二天　墙头

因为墙头是长城入陕东边的接入点，所以它也是本次拍摄的起点。

关于延绥镇防御起始在墙头的哪一段，历史上的记载和当地学者的看法是有歧义的。榆林镇北台“碑记”讲，延绥长城起于黄甫营，《延绥镇志》指明“始于紫城寨”，当地写家有人说在尧峁，有人说在大辿，有人干脆主张就是墙头靠近河畔的那一截。我认为，根据明筑长城“大边”和“二边”的特点及时序关系，即堡寨和墩台在一起，城墙连接在后，应该将南边尧峁墩和北边大辿墩同时列为延绥镇守的起点，它们和紫城寨共同组成最早的防御工事，这也符合历史记载。根据现场观察，尧峁抬头的墩台一路沿山脊西北方向，直线通往不远处的黄甫川，跳河而过，和麻地沟口杨家峁、清水转角楼墩台连接。同时，建于绝险之处的紫城寨既为堡垒又可避难的功用和它们组成的共御态势也贴近史实。

至于修在北边大辿的墩台，起初是和尧峁墩一起共同拱卫紫城寨的。后来根据需要，起修长城“大边”时以其为始，因为它靠近北，自然不可能弃紫城寨于墙外。长城“大边”和大辿墩的连接及墙头沿河而筑的城墙，均为明朝改变防守战略，从十二连城的榆塞、胜关、丰州撤退到延绥线后所为。沿岸筑墙本身就是榆塞十二连城时的翻版移植，它和对面的山西河曲县罗圈堡隔岸相峙，确保边墙的万无一失。不过，“大边”的修筑与建成距离“二边”修建的时间至少应在五十年以上。

强调墙头长城的重要性，不仅仅因为它是长城入陕第一站，关键在于它是整个西北防线的起点。从这里开始，通过延绥、宁夏、甘肃、青海四镇直抵新疆哈密，战线绵延近五千里，统一归设在宁夏的九边重镇之一固原镇节制指挥，名为“三边总制”“陕西总督”。记得2014年，我在写《府谷方言漫话》时提到，府谷人将那种游手好闲、不务正业之人叫“灰人”。“灰人族”起源于哈密，他们长于植树，喜饮酒、游走。按理说，人家秉持专项技术很值得称道。但是，在以农耕为主的汉家看来，不事稼穑还贪图喝酒就是不务正业，官家更是将其视为不安定因素，酗酒必然惹事，故而指示沿边关隘务必警饬“灰人”的动向。府谷边民屯户警戒之中也就将“灰人”当作“不务正业”的隐喻。不过，当我引用“灰人族”说事时，心里确实犯过嘀咕，人家哈密距离府谷遥远到不着边的地步，我们的方言能和人家互通吗？后来我在翻阅墩台方面资料时才发现，起于东头的府谷和终于西头的哈密的明朝西部防线，当年属于一个领导，统一归三边总制（或称“陕西总督”）指挥。所以，“灰人族”尽管距离遥远，文件里却和府谷人属一个编制，“灰人族”变“灰人”是再正常不过的事。

在墙头一天紧张的踏访，有两件事给我印象深刻。一是“康熙打鱼”，二是“海红果白兰地”。据明史延绥防线研究专家李春元先生讲，康熙巡狩经过君子津，听人介绍，此地河里出产的绵鱼肉质细腻，口感鲜美，就放舟河上，因兴趣而钓。烹饪一试，果然不同凡响，于是驰送宫中，命太子分食宫闱嫔妃。对此，太子不仅照旨行事，还将众亲侍的品尝结果汇报父皇，堪称天下一绝。李春元讲，所有这些溢美均来自史籍，确定无误，康熙命名此绵鱼为“石斑鱼”。我的感觉是，此鱼受过皇命，出身决定气质的不俗，所以，吃起来自然带一种神圣，味道确实是香浓溢口，似龙涎蒸腾般快意爽怡。

墙头提倡生态农业、绿色农业、科技农业已有多年，成果显著。坐落于墙头绿色农业园区的聚金邦酒业有限公司更是令墙头驰名中国，享誉世界。他们生产的海红果白兰地早已跻身名贵饮品行列，走进大城市，并受到国际好评，为府谷增光，为中国添彩。

2019 年 8 月 8 日于府谷滨苑

第三天　黄甫堡

黄甫堡位于黄甫川岸，坐西面东，它是延绥镇三十六堡中第一堡，也是三边总制（陕西总督）辖治从东至西直到哈密的起始处。所以，黄甫在终明一朝的史册中，无论是在军事、政治、边贸层面，还是在文化层面，都是标志性边陲重镇。

黄甫最重大的事件莫过于“土木之变”后，明廷在边境设立贸易口岸时，它被选为延绥三岸之一，是最东端的、府谷唯一的、三岸中贸易值最高且最具影响力的一个。由于紧靠山西，它将华北、西北等地很多民族吸引于此。

说到“走西口”，人们总喜欢与康熙三十六年（1697年）“开放禁留地”联系起来。其实，真正代表中国商人身份的历史事件，我认为应该从明朝开放口岸开始。黄甫引市设立，大量的内地商人经山西过河来到这里，由走商逐渐转为坐商，由摆摊进入屯货贸易，由租住变为定居。一时间财富云集，黄甫街上各色人等会聚，车马喧市，三教九流，奇才异士，灯红酒绿。物资中除马匹和铁、铜绝于市外，茶叶、食盐和丝绸乃至针头线脑，生活中从高到低的日用、吃穿，从马具笼头到车轿抬杆等一应俱全。黄甫一下成为寸金寸土之贵地，人们起楼盖舍，以高门大户显身价之阔，以读书进士显其尊荣。黄甫街历经明、清两百年的打造，呈“三百六十个大门头，二百八十座绣楼”之繁华景象。经济繁荣自然带动文化发达，据传，每逢年节，三百六十个大门的对联没有重复，因而引出黄甫人初一挨家观联品对的盛况，有些佳联奇对会经久流传，引发人们的热议。故而“走西口”第一次实现应该从明中叶“金黄甫”算起，没有黄甫引市开头，会不会有后世“走西口”的成功还要存疑，最起码晋商是如此。

“金黄甫”绝不仅是美誉，它是人们向往财富的心理折射，更凸显黄甫身份的尊贵，无论后来的麻镇、哈镇、古城如何显赫一时，终究是以“银、铜、铁”称之。

临近黄昏，雷雨声中，我们匆匆赶赴距离黄甫十几里的红泥寨村，接受访谈的是我的高中老师王占国先生。他家祖上在成化二年

（1466年）来此居住，从高祖仲刚至王占国共十七代，前后出七品以上官员共四十二名、进士七位，四世王继谟为明、清两代府谷进士第一人。王继谟曾任京畿密云巡抚，崇祯末朝领宣大总督、兵部尚书，李自成进城时抵抗战死，惨烈。清朝皇帝赐金首银臂，奖以全身归葬。出殡时相传，十八具棺材同时向四面八方运送，无法辨其真伪。

王占国现居王家大院为县级文物保护单位，是其先祖以五品武举荣第，修于道光二十年（1840年）。

黄甫官署城迹寺观旧迹几乎被毁殆尽，唯有城隍庙壁画遗存，其整修于清顺治十一年（1654年），画风色彩饱满，线条流畅，造像憨稚，很符合民间对佛像的理解，只是释祖生成故事的画像太过中原化。

孔子曰：“礼失而求诸野。”黄甫兴盛如此，人才辈出，哪有半点“野”之气味？

2019年8月9日于府谷滨苑

第四天　孤山营

孤山营筑于孤山川的东坡，地势紧掐，坡陡路窄，虽说格局促小，但是其沟深似涧，水无回旋之转，城居绝险，坐无伸脚之空余，就是一个有点无面的岗哨卫所，凸显其控扼之关键。孤山自古以关隘闻名，唐、宋时为沿边第七塘，明朝延绥镇是副总兵驻守之地，可见其军事意义之重要，在对付西北游牧入侵作战中尤其不容有失。正因为如此，有着三百年镇守府州历史的“中华第一将门”折家将，才将家族墓地选在这里，以祈万年之永宁。

孤山过去没有“金黄甫”的财富显赫，也没有清水营庙宇健全的香火熏陶。但是，由于其孤绝险峻的短小精悍、玲珑剔透，使得这里成为造就英雄的险地。

当然，走在孤山营这片英雄土地上，自然忘不了世代忠勇、享誉“中华第一将门”的折家将的传奇经历与英勇事迹。

中国第一石城府州城为折家将在唐末五代时所建，距今有一千多年历史。北宋庆历二年（1042年），不可一世的西夏国王李元昊率十几万大军围困府州城，试图消灭宋军在河西的抵抗力量。结果，折家军在府州知府折继闵带领下，仅以六千人与之抗衡，激战七天，李元昊损兵折将万余人后，认输撤退而去。这一胜利让输多胜少的宋廷感到震惊，同时也对整个抗夏前线的将士给予极大鼓励。终夏王朝，他们对其他势力都敢开战，包括强大的蒙古帝国，但是，唯独与府州折家将作战，他们毫无胜绩可言，这也正是北宋败亡后，他们掘坟报复折家的原因所在。

1976年左右，当地农民在农田基建时，挖出一块墓碑，碑文记载墓主人折可存作为河东第四将，跟随主帅大将军童贯“亲擒方腊，击败宋江”，因功两次受宋徽宗的嘉奖，被提升为河东第二将。

方腊、宋江等人轻易被一个地方武装将领擒拿击败，说明农民起义并非如小说演义得那样神乎其神、所向披靡。折可存病殁于“靖康之变”的前一年，享年三十一岁。谁会料想，小小府谷孤山营，其墓葬真相竟然牵动国史的神经。

2019年8月11日深夜抄于府谷奶妈家

第五天　麻地沟口子

延绥长城起始黄河，迅捷翻过墙头，一个大步便向西来到黄甫川的麻地沟口子，这也是延绥防线东临第一道口子。这道口子既是扼守蒙古兵南侵的重要门户，也是与之贸易的关键场所，更是著名的“走西口”中经陕入蒙的必经之地。

麻地沟口子自古以贸易和“走西口”而闻名。其实，延绥长城经过这里，在修筑时便留下许多温馨又令人欣喜的佳话，杨家峁智通寺（长城在此绕了一个弯）便是其一。

智通寺位于犁元山高处，紧贴沟崖，长城经此以直线向西，本来应将其甩出墙外，使其成为孤悬冷户。但是，修墙筑体的军守们并没有因其小而忽视，而是以守土保疆为职责将其纳于怀，沿智通寺身后筑墙。

据传，唐朝时有一支军队去套外作战，途经此处。将军便入院向供像神祇起誓，若旗开得胜，一定为供奉大小重塑金身。结果，神佑不假，将军班师回程，将寺院殿宇、小大神像重新整修（如复建）。至此，智通寺声名鹊起，历代有为之士纷纷解囊送善，以期健康平安。长城沿线麻镇段是国内保存非常完整的一部分，墙高土厚，从其峭立的背身观，夕阳余晖，风吹草凄，其雄浑伟岸的身躯，强烈昭示着不可逾越的威严。保护古迹在麻镇这一带有传承，退休干部刘东厚就在智通寺内带头成立“长城保护协会”，他们长年自愿自发监测和维护着府谷境内长城的安全，尽力保持其原始风貌。

麻地沟口子外连漠北，内通中原华北，人员往来复杂，三教九流云集，自古文胜商强，是一个能人辈出的地方。此次在麻镇采风，巧遇府谷教育泰斗、年已耄耋、本身即麻镇人的郭明华老师。说到麻镇的风物及其前身后世，郭老师自然是如数家珍，举止形容间难掩身为家乡人的骄傲与自信。

丁喜才，上海音乐学院讲师，二十世纪五十年代以唱府谷二人台闻名，被著名音乐教育家、上海音乐学院院长贺绿汀选中任教。郭明华老师和丁喜才比邻而居，所以，他对丁喜才的成长经历十分熟悉，对丁喜才的成名更是备感自豪，他认为“西有王洛宾，东有丁喜才”是对丁喜才音乐地位的最合适评价。

来到长城麻地沟口子，让我不由得想到府谷黄甫川、清水川，甚至木瓜川的人们最中意的美食，也即祖辈每日必食的寻常茶饭——酸粥、酸捞饭和拌汤。

关于酸饭的起源，山西河曲有一个传说。王嘉胤自崇祯元年（1628年）冬在清水营起事造反半年后，第二年的五黄六月，他率领大队人马几万人过河攻打河曲。作为内应的河曲领队暗中吩咐居民备饭迎接起义军，谁想农民军渡河延宕了两天，等到抵达河曲城时，泡着的黄米早已酸腐，闻着真不是个滋味。但是，连年的干旱缺吃少盐，百姓哪舍得将发酵的黄米倒掉？于是，居家百姓还是想一试将米煮熟捞饭，不行再倒也不迟。没承想，做出的米饭虽闻着不雅，可吃着酸甜且劲道，黏度合适。从此，酸饭便广泛流行起来，今天走在内蒙古河套，山西岢岚、五寨、河曲，府谷清、黄二川，都能见到酸饭深度迷恋者。事实上，酸饭做法简单，省火省时，解渴生津，保胃护肠，是生在缺雨少菜山渠的人民出于自救的独特创造。根据我对周边人们的观察，吃酸饭很少得肠胃一类疾病，自然百姓普遍高寿。

至于府谷风行吃拌汤，据说与“走西口”有关系。大多数人“走西口”是为外出谋生，打工受苦，再加上所经之地荒凉贫瘠，翻梁下洼，几十里处少村没人。没办法，上路口粮尽量带少许杂面和大把干红腌菜。红腌菜素有“千年黄油，万年干菜”之誉，没有分量，带着轻便，永远不用担心发霉生蛆，再加上制作时用盐腌煮过，正好能够补充盐分。“走西口”的人们每到前不着村、后不着店的窘境，便拾柴起灶架锣锅，和点杂面稀松疙瘩滴流着进锅，待熟后丢一撮红腌菜入内，用树枝当筷子一搅拌，成了。一顿饭就地解决，吃起来有咸有甜，有面有菜，吸溜嗒挎（府谷方言）下肚，热乎的暖汤瞬间将出门在外的酸苦一口气给硬堵了回去，使人强忍着眼泪不致溢出，只想明天会有个不错的着落。

可以说，红腌菜拌汤是“走西口”路上的遗存，今天府谷人依然热衷于拌汤饭，因为添加材料的讲究，做起来也就细致多了。总之，对我这样长期在外者来说，实在想不出吃什么好时，我就自觉地拌一锅拌汤，再丢一把奶妈自制的红腌菜进去，吸溜嗒挎吃着，那种舒服熨帖实在难以形容。

2019 年 8 月 13 日于府谷

第六天　木瓜园堡

木瓜园堡建于明成化十六年（1480年），显然，这是对黄甫堡、清水营、孤山营防御的补漏。以延绥镇凭川而建营堡的特点，独遗木瓜川让蒙古兵有机可乘，无论如何也是讲不通的。

木瓜城依山顺坡而筑，紧贴川道，沿岸仅有一逼仄平台成就其唯一街面，巷子向纵深延续便只能爬坡。木瓜城总体似上削下沉态势，像胡桃样悬坠。靠北二城墙括出的一大片区域空旷闲置，而城内则非常拥挤。其实，这是明长城设堡做垒所必需。清水营、孤山营迎坡而建，在城郭或左或右留大面积出来供军马活动，以及士兵操练教习之用。我家紧挨城墙，我从小便将城外二城墙以里的区域叫“操场坡”“操场沟”。

木瓜地沟深水长，土头厚，出产精米精谷。木瓜人将神庙请（建）在山顶，将玉帝楼建在市面街中，可见此地居民想法很特别。

府谷过去有“三灵”，除去海则庙的龙王、清水的城隍外，木瓜占一灵，即吕祖师。而袁宝善父子议员为木瓜人带来的冲击也震惊了府谷地界。

袁宝善祖籍并非木瓜，其祖辈凭借黑眼白眉的佳米驴往来驮运于铁木瓜市缠，挣得了家资，便在木瓜起院建宅，以“仁寿”命名的九个铺设基本垄断了日用杂物。其父袁世长改弦更张，全力培养儿子袁宝善读书，接受新思维，顺应大变革，备足银两送儿子去西安入关中大学堂学习舰船制造，和于右任等陕西新派结成共盟好友，加入同盟会，追随孙中山，矢志推翻清朝统治。为此，其子袁宝善还以学习为掩护，入关中巡警学堂和北京高等巡警学堂深造。

辛亥革命成功后，袁宝善以省议员身份入阁陕西行政署，同时兼任米脂县县长。民国元年（1912年），他携委任状回到府谷，组建府谷县知政署。民国八年（1919年），他由议员被选为省议会参议，兼任横山县知事。民国十二年（1923年），其父袁世长竞选为府谷县议员，这也就是木瓜人乐赞的父子议员佳话。袁宝善作为省议会参议长住西安，因夫人高氏无生养能力，他又聘西安名门肖氏为外室，生有儿子袁汝汉。

袁氏父子议员在当地最有影响之事是将不知创办于何时（估计最早为清中叶）、培养人才无数的旧学堂明伦堂收为公产，并扩建为府谷第一所新式学校木瓜高小，即现在的木瓜学校幼儿园。从保存完好的校门及正面围墙设计上看，它既有西式廊柱的开放倾向，又兼顾中国对称中沉思稳健的中庸之道。袁世长先生作为府谷学政署主任兼学校监理，专请柴镜荃先生亲书苏承烈所拟的名联，镌刻于大门砖砌廊柱两侧：

中央不中　才央不才　知识尤贵普通

智增其智　德增其德　教育宜期注入

清末民初的府谷，原来领风气之先者并非通关大镇的县城，而是深入山沟的木瓜小地方。

民国二十二年（1933年），又一轮全省议会选举，袁宝善的父亲竞选府谷县议会议长，而袁宝善自己所定目标是由参议竞选省议会议长。父子俩互相鼓劲，拉票演讲，不幸的是，袁世长在吃了一碗软米粥后，突然中毒身亡。

时任横山县县长的袁宝善火速赶回其父设在县城城隍庙的竞选总部，将父亲的尸体用牛车拉回木瓜安葬。按木瓜人讲究，人殁外地，尸体只能停灵柩在城外，不得入城举丧。可是袁家官大，不遵守被认为是“陋规”的说法，以假扮未死的“活人”入城，准备厚葬。匪夷所思的是，出殡日子甫一定下，孝子袁宝善和孝孙袁汝汉（十七岁）相继而亡，袁家三辈单传到此彻底绝嗣，家道自然没落。这就是在木瓜轰动一时的祖孙三代三口棺材同抬同埋葬的罕见事件。

民国奇人多，木瓜地脉斜。

袁宝善家居城里，其院落并非如人们想象中那般大气。而真正的袁家庄园远离木瓜街道，那里古木参天，鸟语幽静，当你正纠缠于没顶灌木荆棘时，一座高大建筑冷不防矗立在面前，让你的目光难以及其顶。

这是一座全石垒砌的堡垒式建筑，如同耸立于莱茵河畔的大小城堡。城堡占地数亩，石条高架，齐整密严，不留任何隙缝空余。它的围墙也即家舍的主墙，上方设计是堞式造型，女墙空当也用砖石堵上，每个堞面正中留有供射击用的枪孔。整个围墙高出屋面，给人以深不可测之震撼。

从大门进去，迎面的正居面阔门悬，半圆拱顶，其上方书有砖雕大字“福寿康宁”，两旁耳室门楣左刻“光前”，右铭“裕后”。正居两侧竖厢房，虽然是降级次第，但其高大深阔让府谷的大户富门也难望其项背。院内主舍全为券式卷筒，从门缝里望，高不见顶，深不见墙，其穹宇式邃幽让我想到西方宫殿式的轩昂。和中原庭院的矮低相比，我直感此种格局不适宜人居。

整个大院上半部分森严整肃，似铜墙铁壁般牢不可摧，由于墙体是用条石起砌，所以，木质门窗就更显瘦弱，似乎随时有化为齑粉之虞。院子下半区空闲平整，看似有待起建但还没来得及，故临时放弃。大院高墙将屋建尽囊其中，故而置身其中恍惚落井深陷，而那些巨宅暗窟顶如囹圄一样阴森冷酷。

北国山区之高门大户见过不少，类似木瓜园堡此种营造，完全中土西化，山野间贵族气焰直逼，实属罕见。我曾问过旁边小院人家。他们说，这家人当年的金银元宝都是用木轱辘牛车送回这里，为了建这个院子，光是咸盐就吃尽五石；不过，这个院子邪气太重，这家掌柜在房未完工时就死了，这家的后人从此没了踪影，所以这座宅院从没有人住过。而我的猜想是，这家主人所事绝非寻常生意买卖，肯定有深不可闻的秘密在里边。

木瓜园堡，从它设堡建城时就惊奇不断，在其川道沿岸凿窟而建的洪门寺里，据说云集着中国北方数万“反清复明”之士，搅扰得康熙皇帝几年睡不成安稳好觉。

2019 年 8 月 15 日于清水老家

千年古镇清水传说三则

清水，地处河西，山环水绕，晨迎东出之霞露盛泽，暮谒西去之夕阳余晖。正北五里之大石山梁，奇伟高绝，气宇直拔霄河汉月，风雨阴晴，时刻变幻着庄肃与疯癫。

清水城，虽地处偏僻，也属形胜之地，远离教化，也能文入善邦。

金牛拔角

一直以来，清水人认为，眼前突兀高耸的大石山梁，阴晴不定，变化莫测，云遮雾罩，神秘幽幻。据说，其间游走着金牛，故而外面弥漫着的虚幻，都是金牛作法所为，借以掩饰自己的行迹。

一次，战国七雄之赵国的赵武灵王，胡服骑射，路经此地，观此山气象奇伟，神秘莫测，再听闻有金牛一说，遂决定留守，一探究竟。

一天，大石山梁上空，紫气祥云罗织，百啭灵鸟密布。突然，随着土地山川的微微颤动，一只金光耀眼的牛角，正从山石间踽踽而升，快到弯角处，心急的赵武灵王伸手就拔。结果，只得一空壳金角，金牛遁形而去，至今杳无音信。

不过，清水人还是坚信，金牛还在，只是没遇到德高至善之真主，所以不愿现身而已。大石山梁印有赵武灵王力拔金牛角时的踏迹，还有驻跸时开凿的石室暗窨若干。

时集历代，清水人名字中，涉“宝”字者多，端直叫“取宝”“趋宝”的更盛。

铁罗汉出走

清水有千年古刹，俗称“萨寺庙”，又名“清泉寺”。清泉寺坐落于清水河畔突出滩心的石碛上，古柏掩映，清静幽深。院内背北面南的正殿，五间二进，斗拱宏朴，是陕北一带少见的唐代建筑。殿内供释祖，沿墙出台，罗汉分列左右，或趺或蹴，神采各异，铁铸。

天下罗汉以十八为确数。所谓十八，实指人之神态中的十八种生相，概括至精，已达极致。

清泉寺罗汉，坐拥十八,十七为铁身，一个是泥塑。据传，殿内有一个小罗汉，功课之余，喜欢放任，不守戒持。一天，趁方丈不备，溜出院门，在北门湾的豁口，遇一草帽货郎，出于逗乐，就向其赊购十八顶草帽，钱稍后即付。小沙弥晃晃悠悠，戴着十八顶草帽，进入寺院。

卖货郎长等不来，短候也无济。看看太阳转西，很是着急。于是，拽开大步，去敲寺院的大门。长老问，施主何事？货郎将草帽赊欠事，和盘托出。长老奇怪，这里除一二僧净，再无旁人，哪来的十八顶戴帽客？为了澄清，便邀货郎入内寻找。延入殿内，方丈、货郎齐齐傻眼，发现清凉的殿宇下，十八个罗汉秃顶，齐刷刷簇新新的鹅黄编织草帽，戴在头上，一人一顶。

方丈奇怪，无奈付钱，并试探地问：施主能否识得谁是买家？货郎得钱后，自然意满志得，高兴地回应：能。于是，挨个近处检看。马上，指着小罗汉对方丈说：就是这位。方丈抬脚上前，就是两巴掌，怨其不守规矩。

按说，铁身罗汉转灵，凡人俗眼是难辨其形的。此货郎既能识，还指认，这在谶语“察见渊鱼者不祥”中指犯忌。货郎拿到钱，还为方丈指认作祟者，正待出殿回家，没想到误踩幽线，被设伏而起的“鬼怪”吓死。（清水旧时庙多，而且，塑像工艺之高，栩栩如生不说，那些神罗怪相下边一般设有暗键，即百姓所谓“幽线”，一旦误撞误踩，那些站立者会突然瞪眼咧嘴、龇牙喷焰，更有甚者会鬼哭狼嚎，冲人吐长舌头作抓扑状。据说在吓死几个人后，这些设伏幽线被拆除。）

夜幕降临，白日逗乐受气的小罗汉左思右想，感觉难抑不平之气；于是趁山门下钥前，出溜到清水河滩，飞奔箭跃，全力脱逃。

披星戴月一夜，眼看天色微明，遇一着担挑水者。小罗汉问：所在何处？农夫说：清水……一听“清水”二字，小罗汉顿感无奈，整晚辛苦，也难离清水地界。法者力也，难奈难解难违。于是，他就地重新化作一尊罗汉。

其实，挑水农夫话未说完，小罗汉所到之处，为内蒙古清水河县，距陕西府谷清水近乎千里之遥。小罗汉没等“清水河县”说全，就已认命。清水河县的信众在原地起庙一座，专供小罗汉真身；既弘扬了佛法，也增进了内蒙古与陕西僧众之情谊。

清泉寺的方丈为走失的罗汉懊悔，为了纪念，只好塑一泥胎以替代其铁身。

蛤蟆精造反

清水城，距黄河三十里，离内蒙古五十里，在明朝是延绥治下的重镇。崇祯元年（1628年）冬，王嘉胤在这里举事，足以说明当时清水在政治、军事、交通等方面的重要性。

围绕王嘉胤，清水产生过许多传说，其中“蛤蟆精造反”可谓妇孺皆知。据传，王嘉胤是“蛤蟆精”下界，扰乱朝局是本能，能否成事就难说了。

一天，清泉寺的住持，找到驮炭寄宿在此的王嘉胤说，这几天有件怪事，不能理解。正殿释祖怀前的明盏，过去用油几天才添一回，自王嘉胤入住后，一天几添，都明不到天亮，怪哉。

王嘉胤决定一探，让师父放心。于是，他藏伏于殿中柱后。一会儿，一条腕臂粗的巨蛇，尾缠绕于梁，头垂探于明盏，蛇口开合之间，灯油就干了。王嘉胤冲着长虫大喝一声：呔！蛇应声而落，掉在地上。王嘉胤近前，发现掉落的是一铁锏，拾起来细看，上面还镌刻有“王嘉胤反”字样。

这不是上天让我造反吗？于是，王嘉胤找几个一块儿驮炭的伙计商量。“造反”的主意就这么决定了。当天夜里，几个人身挂种地的硌砘（播种人腰间绳拉的两轮碌碡，顺便碾压松土为保墒），围着清水府衙城墙外的石板道狂奔，并边跑边喊：反了！反了！

隆冬腊月，天寒地冻，石硌砘滚轧在石板面路上，其声势犹如千军万马来袭。

夜深人静，睡梦中的官眷老幼猛然被惊醒，还真的以为反叛大军杀到，纷纷出逃，匆匆赴新城庙坡的祖师坛枯井躲避。

临明，清水城被王嘉胤攻占。拿下清水营，王嘉胤聚集有近千人，继续进军黄甫堡、木瓜园堡、府谷县城。这时，参与起事的百姓饥民，已达数万。

拿下府谷的王嘉胤急着过河，在山西河曲县摆龙椅，设朝帐。结果，没过半年，就死在旧县附近的“火山”上。

王嘉胤本为“蛤蟆精”，蛤蟆是遇水则活，遇火则死。这样说来，如果不离开清水，王嘉胤一定不会死，事情也一定能成。

清水人如是说，蕴含着对故人的追思和惜叹。

2016年5月1日

清水川长话哈镇

府谷哈镇，发迹于清朝康熙三十六年（1697年）的“开垦令”，闻名全国乃至世界则始于抗战，马占山将军驻守哈镇八年，屏障西北，“不教胡马度阴山”。不过，哈镇是由哈拉寨演变而来。我认为，所谓“寨”即宋代所设，因为，哈镇以宋代规制，正好处在丰州、府州的南北接合点，宋朝在此设寨是再自然不过的。由此可见，哈镇的历史更加悠久。如果再往上探究，那更是古老，哈镇于战国属赵，秦汉时直辖于西河郡。现在位于古城乡的古城遗址在其东，赵五家湾的古城梁遗址位其西，内蒙古纳林镇的旧城遗址正其北。所有这些城址遗迹，最晚年代均为两千年前的汉朝，说明身处腹地的哈镇从来都是中原政权的实边重陲。

哈镇位于清水川中上游东岸，紧贴内蒙古界地。历史上的哈镇受清水文化影响，故而现存龙王庙的壁画“碑记”中，有“清水口子”的表述。清水口子即现在的转角楼墩台，归清水营管辖。哈镇月儿沟之“龙王庙碑记”曰“鱼而沟”，地方史学者康文慧认为，叫“鱼而沟”可能与当地流传的一则故事有关。我说：“既然有鱼，为何不用‘鱼饵’替代？”说不定此地月亮清静，古人称其为“月儿沟”最为合适。月儿沟的文化闻名，端直来源于龙王庙壁画的古旧，以此推测，哈拉寨以镇守为主，月儿沟则是人居和睦敬神乐业。昨日与文慧一起观览龙王庙，一见壁画便惊动我神经，这不是敦煌壁画的翻版吗？再一审视那流畅的线条、幡挑的气派、色彩的夸张、人物的整庄大气和清晰度，尤其是堆叠法运用得娴熟完美，让我不由得怀念起清水萨寺庙正殿壁画。清水萨寺庙是陕北地区唐代建筑遗存，那壁画无论是色泽、形象，还是法度森严的古制、立体效果，均令我想起顾恺之画风的俊朗舒畅，形容执笔之大气磅礴。萨寺庙壁画毁于一班不懂文物的旧庙维修者，好在今天得遇月儿沟龙王庙壁画，千载遗憾方得慰藉，幸甚！

哈镇历史源远流长，地理位置独特。但是，随着大唐的式微，北方游牧民族轮番崛起，如突厥、契丹、党项、金、蒙古……哈镇也渐渐淡出汉族的视线，蒙古人于是将自己的文化向南推行，石窑沟的召庙石窟便是典型一例。召庙石窟供奉藏传佛教中的黄教创始人——宗喀巴（1357—1419），唯一显著处是它的建造风格仍为佛教初始的凿洞供养制，而不是依照藏式建筑模型，高墙壁立，悬窗距户，具有明显羌族碉楼的特色。不过，石窑沟召庙石窟之所以凿窟悬空于半崖，防御功能的考量是主要的。刻铭于面壁的佛偈“阿弥陀佛”均为梵文、藏文或蒙古文，其拒绝汉文掺杂的思想十分坚定。一切似乎在昭示至“禁留地”开放以前，哈镇地方的文化已经为游牧民族所引领，田畴米香、书礼祝祷早被奶茶粪烟、纵马扬鞭代替，人口也非常稀少。

康熙三十六年（1697年），康熙皇帝在征讨噶尔丹叛乱得胜后，经过久封的界地时，看到荒草拥塞的大面积土地闲置，再加上噶尔丹口服心不服，认为必须引汉民进入蒙地融合，以防随时可能涌现的独立意识。恰在这时，内地边民因地瘠少雨、谋生不得展其力而产生大量剩余，因而就有伊盟（伊克昭盟）盟长松拉普奏请朝廷，“乞发边内汉人，与蒙古人一同耕种”禁留地。与此同时，榆林道官员佟沛年也提出“以榆、神、府、怀远各边墙外土地饶广，可令汉族百姓与蒙民垦种‘伙盘地’，以补内地之不足”。清政府最终决定，“有百姓愿出口种田，准其出口种田，勿令争斗”。自此，地处边界、与内蒙古仅一沟之隔的哈拉寨，便成为内地边客的歇站地、蒙汉贸易的桥头堡。内地商人以生产日用见长，毡匠、毯匠供蒙古人的毡帽、毡靴与驻帐包里的毛毡织毯铺垫；皮匠专门制作皮衣皮裤、骡马牲口的车套绳线络辔笼头拴桥；炒米铺主供蒙古人的马奶泡熟食，为的是骑行携带便捷；油坊负责加工产自蒙地的胡麻榨油；缸坊则是酿造上佳白酒，为豪气十足的蒙古人壮胆助兴。故而，弹丸之地的哈拉寨一夜声名鹊起，成为名闻四海的商旅大埠、边贸重镇，生意远及恰克图，直至莫斯科。那时形容哈拉寨的隆盛，流传有“七十二道油梁杠上杠，一年四季响三响”“声闻胡地三千里，名冠秦晋十六州”等俗语。据当地百姓传说，哈拉寨最盛时期有商铺店设100多家，人口达到200多户。

可以想见，二百多年前的哈拉寨亦如二十世纪八九十年代的广州、深圳，各路人马、各色人种在此淘金，闯江湖、搏码头，为发财绞尽脑汁，为生存各显其能。进入民国，由于毗邻准格尔旗出了一个担任“东府协理”的地方强势人物那森达赖，哈拉寨的商业地位瞬息发生了动摇，几度到了式微的地步。那森达赖属于清末民初豪强崛起时期的能人加“地痞”，此人心狠手辣，善于钻营，识字不多却将四方豪杰（包括朝野上下官员大吏）笼络于股掌，以此作威作福，称霸一方，连府谷甄树勋、榆林井岳秀、山西阎锡山等时杰都是其拜把子弟兄。那森达赖在打跑晋陕征稽队后，先占准格尔地的鸦片种植、收购为已有，接着就在沙圪堵修建贸易集市，然后动员河曲、麻镇、古城、哈镇的商户，去准旗做买卖，三年免租免税，并且答应，如果地面有失盗发生，所有损失一律论质赔偿。晋陕经那森达赖的釜底抽薪，转瞬间，繁荣了近二百年的边贸生意一下沦落至破产落寞的境地，商人们纷纷贱卖资产，趋之若鹜般转战于更近的商品集散地，既省成本又省周折，何乐而不为？依托地利天时的便捷，从来名不见经传的沙圪堵，一下成为方圆几百公里的名都大埠，强人“地痞”那森达赖也因此被尊为“那公”，还不时有朝廷的嘉奖御旨送到。

哈镇再次辉煌是在那森达赖1932年春暴毙之后，紧接着抗日军将领马占山将军驻扎哈镇八年。近十万大军依托哈镇（此时已设凤凰镇），后勤给养，工厂遍布。这时的哈镇人口一下增加到上千户，1938年5月末，随着美国记者卡尔逊的专程到访，哈镇一下成为中国战场抗日中坚的铜墙铁壁、西北屏障的大后方。全世界反法西斯战线的人民都知道，中国有一个哈镇，是由铁将军把守的黄河西北的府谷重镇。那时的中国到处残垣断壁，生灵涂炭，而哈镇医院、学校齐备，军工厂、育婴堂一应俱全。同时，马占山将军一方面起建忠烈祠以安赴义之英灵，另一方面不忘农业河堤工程之修筑，还为《府谷县志》的完善出力献计。此种且战且建的文武结合，恐怕在世界战争史上也属鲜见个例。

哈镇，在偏远狭小中创造了一个历史奇迹，为自己赢得了无与伦比的金声美誉。

我认为，哈镇从来属于游牧与农耕结合的先锋前站，历代聚集此地的不是有一技之长，便是久惯精通冒险的游侠逐利之徒。故而，这里的居户来自五湖四海，其人民姓氏的复杂让我这个距离哈镇仅50里的清水人也感到惊诧。哈镇人中有卢姓、石姓、康姓、班姓、惠姓，至于赵、郭、王、张、吴、韩、陈、徐、胡、杨等普通大姓就难以计数。更有许多很少见的姓氏，在哈镇就能遇到，比如越、郤、栗、菅、吉、葛、尚、潘等。这说明哈镇人口组成的复杂是历史的积淀，人员流动的范围之广涉及社会各个层面。事实上也是，要说哈镇饮食有什么特别之处，荟萃之精华、概括之全面、“走西口”之风味、蒙汉融汇之创见就是其显而易见之呈现。

中国人常讲“一方水土养一方人”，很多时候，人的肠胃是很“顽固”的。人可以适应地形的苛刻，口味这一关却难以逾越，纵使山珍海味包围，也隔不断对家乡粗茶淡饭的思念。这也就是许多知识分子早年出国，晚年又纷纷归来的原因之一。久居府谷的人们都知道，清水川、黄甫川连带墙头，炕头蹲放浆米罐是为人立户的必需摆设，而且，出门在外认老乡，首先会问：“你家吃酸粥不？”如果说“吃”，肯定是上八乡人士，如果说“不吃”，保准为西面南乡之人。即就是同饮清水川的水，哈镇吃酸粥、喝酸米汤的永远是来自河曲、五寨、岢岚一带的晋西北人；而不吃酸饭，仍以稀粥、馒头加咸菜为主食的，不用打听即知其来自华北、东北等地区。

哈镇人的饮食混杂了全国各地的成分，兼容并蓄，五花八门，经济实惠，可口入味。至于烹调技艺无非煎、炸、油调、蒸、煮、焖、烩、炖，现下流行的炒菜，不仅哈镇人不精，即就是府谷全境人也不是十分擅长。关键是当地气候寒冷，吃饭以融合汤水为主，以肉食嚼咬为尚。

哈镇的招牌菜当属“砂锅子”，即将猪骨头肉剁成块状，先在炒锅中加入葱蒜生姜大料花椒，以酱醋猛火炒，逼出腥味后，再加入切块土豆与盐继续炒。等到熟烂程度过半，连肉带土豆倒入罐状的砂锅，添水加盐加香料，放在炉灶温火慢炖带烩。经半个小时的熬煮，肉酥土豆烂，揭盖上桌，烹香四溢。肉松除腻，软嫩弹牙。土豆汤汁浸饱，素心吐芳，舌润唇滑，味勾魂魄。砂锅子作为待客主菜，既显尊贵，也可佐酒。尤其是那朱红正色，最让人垂涎。酒足肉瘾过，一碗黄米捞饭，上浇汤浓味重的肉汁盖而食之，情暖意香，舒心甜眉，人间美事至此，谁还能想起龙胆熊掌之饕餮盛宴?

砂锅子论味道、品相与实惠，是边陲之地人民的典型饮食杰作，它启示于内蒙古汉族的猪肉勾鸡，只是在烹饪与炊具方面实行了创造性的改革，将锅烩变作罐炖、干焖改为汤攻。具体操作是取传统美食中的炒、煎、炸、烩、炖、焖为一体，合罐而为之。简便不简单，省时不省功，所以才有这可心入味又大气体面的佳肴美品。

哈镇地处乡野，其吃食看似平铺直叙，讲究实惠可口，而这并不影响哈镇饮食的上档次、创品牌。比如拔丝山药、糖会瓜精、冰糖冻梨，三样美食均离不开糖的参与，只是前两样用红糖，冻梨用冰糖。可不敢小瞧这些土豆、南瓜和梨儿加红白糖做成的经典美味，它们是正宗皇家御厨的拿手绝活。传说当年“老佛爷”慈禧心情一好，传饭太监必将这几道看家菜呈上，以博龙心一悦。府谷人宴请，拔丝山药是首选，若遇老人、小孩、女子，糖会瓜精、冰糖冻梨上桌，只听名堂就惹老幼男女倾心，甜浅清淡，美颜悦色，丝丝绵绵，缠缠绕绕，就图个说不清道不明的会心蜜意、恨爱徘徊。

哈镇人的宴席上还有一道菜让人记忆犹新，口味十足，就是“红腌菜拌汤就酸捞饭”。这是一味“走西口”路上的活命饭，关于它的辛酸足以构成一部逃荒史。但是，它能活命，正如我在《山榆笔记》中所述：“‘拌汤’源于山西饿民‘走西口’。风沙荒野，前不见店，后不近村，只要找着点滴浅水，拾点柴火，架起锅，水开，把不多的面疙瘩倒入。熟后，掬半把干瘪红腌菜一撒一拌，有面有菜有汤，还热乎乎，一顿饭就解决了。再饿，啃几口干粮。”

拌汤的诞生伴随着“走西口”的艰辛。现在哈镇、府谷一带做拌汤可不是为体验苦涩，而是精心准备下的慢工细活。先切土豆丁丁在爆滚水中煮，再把刚捞出的饭粒舀一勺进豆面盆，这样来回簸动，让热饭粘着面粉，越滚越大如黄豆粒；然后倒入锅中，加点切短的黄花，快熟时，再打一个鸡蛋；随即取一个炼油的铁勺，舀一小匙胡麻油，在炉口加热；放六七朵当地产的野泽蒙进去，等野葱味爆出，连油带勺插入拌汤锅里，上下搅拌几回；再拿半把红腌菜一撒，一搅拌。这时，单看锅里拌汤表面，黄的花，白的蛋丝，红的菜，热气上泛。不用说，油香夹着野葱的味道，特别搅动肠胃。喝到嘴里，豆面的苦腥淡了，反倒是滚圆豆般的面粒，润滑顺喉，吸溜打滚，口感特别爽快，浑身舒展通泰。至于酸捞饭，就免除啰唆，意犹未尽者可以放开想象，品尝那种酸甜淡雅的清芳，是一种什么样的神仙滋味。

哈镇的饮食菜肴充满着哈镇边界民族交融的特质，油茶泡炒米，吃的是游牧草原的浪漫；糕阔掠子烙烙饼，似乎又是西北民族风味。反正，作为游走边镇，什么对味好吃就做什么吃，能高就低、灵活变通、和睦相处是府谷人的能耐，也是我们走向世界的通道。总之，生存是道，快乐是本，吃喝至上，自在万岁。

2021 年 6 月 29 日于府谷

风土逸韵

长在家乡府谷的海红果树

山西保德县民歌手王丽平以“海红姐”包装获央视《星光大道》歌唱周冠军，实属不易，可贺！只是大多数观众不知这“海红姐”的“海红”到底是什么意思。作为府谷人中的一员，我有必要将家乡这一特产水果向各位简单说明，以加强印象。

府谷自古气韵不凡，其地下资源丰富，地上更是物产多样，奇花异果世鲜，奇才俊杰尽能，海红果及海红果白兰地的创始人刘子贤先生就是其中代表。

海红果树生长环境十分简陋，一般在坡头地畔的低洼处阳面。树身精悍、瓷实，树冠丰华，枝繁叶茂，果实累累，铺天盖地。海红果的果，大小似山楂，但是，其净面光洁滑润，毫无山楂之硬涩，阳光绿叶之中，特显亮泽诱人；其形状果圆玉质，玲珑剔透，三五成抓，坠英落霞；晶莹赛过玛瑙，色艳尤胜樱桃。

海红果作为一种山果，其最大特色是其难以描述之“红”，犹如少女之初恋。其初长成时由青色变粉嫩，是那种旭日下的丹红，娇羞欲滴，让人怜惜有加；待到成熟酝酿又一变而为艳红勃发，醉意酡晕的正红，老者中意，少见诱惑，即使用十二犋牛力也难挡那千顾深迷之老坛妩媚。海红果红得彻底，红得让人骨酥筋软。最是秋风起时，果舞枝摇中，红透的海红果一夜之间仿佛换了个样。昨天还是当红大紫的头牌明星，摇身一变而为雪中红梅，傲霜顶寒，红得沉默，红得厚实，红得凛然不可近逼。

海红果的“红”内容丰富，变化生动，其独特优质也只有善良聪明的人能理会，故而将这一“红果”之要义以一“海”字概括。府谷方言中的“海”区别于“大海”的“海”，它的意思来自游牧民族，如蒙古人将湖泊叫“海子”，有大、多、盛、丰富的意思。我们把大钵碗叫“海碗”，把太多叫“海了多”，把男孩叫“海旺”“海官”“海荣”“云海”。所以说，把海红果叫“海红子”是府谷人对生长于自己土地上的这种神果最具深意的圣赞礼遇。

海红果色艳味美，关键在一种酸甜之味。府谷人对水果的要求向来比较苛刻，像西瓜必须是红瓤黑籽，甜自然是必备，而甜的感觉也不能是那般寡淡的水甜，而是必须在咀嚼中渗漏出的能感到沙化脆凉的那种贴心黏肺的浸润之甜。海红果由于品相极美极红，其味道自然符合人们酸中有甜的期望。故而，府谷人在儿女相亲、远客临门等重大喜庆事务中，海红果肯定是首选，茶桌上油炸黄亮的茶食旁，比肩并排再来一碟丹红彤彻的海红果。尤其是在隆冬腊月的冰雪季，喝一口滚烫暖心的红酽茶，再吃一颗红透钻心的酸甜沙海红，那滋味岂止一个爽劲了得。海红果肉薄质鲜，味道甜美，其实，府谷人主要还是钟情于海红果所代表的喜乐、和满与吉祥安泰之意。每到秋后的收获时节，家家户户的门前、屋顶都是红彤彤一片如丝绸般大块小块，令过往的人们看着心醉眼馋。主要是那养眼的勾人的红走到哪里都让人难以割舍，更不用说晾晒海红果的大部分是眉清目秀的闺女媳妇儿，你没听见那响铃儿的声音？就是走出十里之外也能想象出其手捧海红果时的甜蜜心思。府谷人家的小孩最得意之事就是从外祖父家回来，脖子上挂着成串的海红果瓣瓣做成的红珍珠似的“项链”。它很长，有时需要在脖颈上来回盘几盘，才不至于拖到地面。当然，府谷人自古以来就有将海红果做成果丹皮的传统，红薄脆嫩，品尝起来酸酸甜甜，从来被当作馈赠亲朋好友的最佳礼品。

府谷人爱海红，府谷人身上处处体现出的男子精悍干练、女子秀外慧中，可以说是海红果优秀品质的移植，正所谓“一方水土养一方人”。海红果在府谷的特产曾引得多少外地人的羡慕，千百年来，不管世事怎样变化，一则温讽府谷人的段子始终在流传：

哪了的？府谷的。

背的甚？海红子。

给吃两颗哇？

那不能，我们老婆数见的。

这则故事说明许多层意思：一是海红果的奇缺；二是外人对海红果的好奇、渴望；三是在外人眼中，海红果与府谷人从来不分瓣，结实地被捆绑成一个俊朗形象。走在世界经济大潮前沿的府谷人，今天更显其海红果般的优点，精严稳准，锐意进取，勇于探索，大胆创新。

海红果在外人眼中可望而不可即，但在府谷却四处可见。由于太过易活，房前屋后、边头堰畔、坡斜田平到处都是她婆娑拖沓、丰姿铺地的身影。十几年前海红果不值钱时，在府谷泛滥成灾，用老百姓的话讲，就是羊群立于树下也懒得低头看一眼。所以，如何将海红果推出府谷、推向世界一直是当地政府和有为人士的重点课题。

府谷人刘子贤先生，一直为府谷特产走出家乡、服务社会而用心发力。2000年前后，看到环境污染日益严重，影响人们生活的各个方面，尤其是饮品领域，他毅然决然从国有企业退出，全身心投入海红果的开发研制和推广中来。经过近二十年的艰苦摸索、汗水浇注，现在以府谷海红果命名的白兰地、海红饮料等系列产品已全面投放市场，尤其是海红果白兰地正受到国内消费人群的青睐。同时，刘先生为国家增光添彩的行为也让家乡果农受益匪浅，现在当地的海红果收购价已由十几年前的两毛钱没人要提高到一斤一块多钱。海红果再一次成为府谷人的骄傲，最近几年，每逢春暖花开时分，各乡镇五花八门的海红果赏花会层出不穷，你方赏罢我开赏，热闹到整个府谷地片花团锦簇，烂漫芬芳，人如潮涌。

刘子贤先生为府谷海红果红亮中国可谓费尽心思、跑烂鞋底、不惜赌命，体现了府谷人真正的海红果品格。然而，生长了千万年的海红果始终在中国的植物目录中没有个正式的命名。即就是十几年前，刘子贤先生拿着光亮红艳的果实找科学家正名时，人家也不承认其品种，非要按山楂来认定。是刘先生引人到府谷，实地考察，实物比对论证，经过对生长环境的土壤分析、气候果质成分化验等环节，它才最终获得“海红果”这一名称。也就是说，海红果为府谷人默默奉献千万年，直到儿女成行、孙辈满堂时，人们才弄清楚其爹娘的真实身份姓名。

海红果有了“名分”之后，刘子贤先生又开始证明其丰富的营养成分。海红果色泽鲜美饱满，肉质细嫩精粹，味道酸甜醇厚，口感脆爽齿饴，想其营养组合一定不差。果不其然，在刘子贤先生不厌其烦的邀请下，经省地再到国家级的反复检测分析，科学家们终于给出权威报告，海红果的有利人体维生素含量在所有水果中为成分占比最高一类，属绿色食品中的精品。

既然海红果在纯植物中维生素含量占优，为何不能利用其优势，在14亿人口大国以粮食酿酒为主的市场上，率先打造中国的果品白酒？一是节省粮食，二是健康关怀，三是以环保观念为先，四是改变中国人多年以来形成的不醉不快的饮酒陋习。于是，刘子贤先生“走出去”“请进来”，多次频繁出访国外酿造名酒企业，到处听讲座、请名师，得空就深入科研院校进修学习。功夫不负有心人，经过十几年的艰苦创业，刘子贤先生的府谷产海红果白兰地终于以“直追洋酒品质，价格却低得多”的优势，开始逐鹿中国消费市场。

据刘子贤先生讲，最近，他们的海红果白兰地已获德国市场准入证。德国向以一丝不苟的严谨、贵族味十足著称，能进入世界酿造大国德国的市场，可见府谷人的敬业精神是何等的令人钦佩。海红果这个自产自销自封自红的府谷特产，相信会在刘子贤等府谷骄子领衔下，红遍中国，甜美全世界。

府谷山水孕育了鲜红质优的海红果，海红果也一定能使府谷人唱响在美满幸福的自豪中！

2019年9月2日于渭南山榆居

说“度量衡”的长短

我的老家府谷清水镇，宋时在它现在位置的南边，隔西川沿清水河西岸的高台平地建有南塘城即塘关，明朝长城从河套北岸南移到府谷北面，紧邻蒙古高原南麓，我的家乡一带。明成化二年（1466年），朝廷命工“筑城于山坡”，也即今天清水城的新城。清水城自此有了新城、旧城、南关之分。南塘城就是新建清水城时被拆毁的，它的砖木基石全部被用作建新城时的原料。所以，细心的考古专家很容易在清水发现宋时的砖石。清水最古老的建筑当属千年古刹萨寺庙，我认为它是唐代遗存，因为，我见过正殿大梁上裱有“大唐尉迟氏督建”字样。十几年前我曾为它拍照过，可惜那时的相机还不是数码技术，曝光不充分，当我要求冲洗时已是漆黑一片。后来，萨寺庙在一些匠艺人的主导下维修，最应该保护的“大唐尉迟氏督建”留款被推刨推了个溜光崭新。对这座气宇不凡的寺院，府谷县文化和旅游文物广电局也请专家做过鉴定，据说是宋朝建筑。

清水由于被朝廷选为边防重镇，一夜之间由一个山野小村提升为相当于军级驻守的显赫要地，自然人畜马匹的消费就不是一个小数。伴随而起的工商店铺，油坊、磨坊、缸坊等作坊悉数登场。但凡人口集中的地方，商业发达，工业繁荣，会计业也必须同时跟进，即账房先生等专业人员必不可少，能记会算从来都是一项极其把稳的吃饭本事。“会算”首先得对度量衡有个精准的把握和掂量，不敢有丝毫的闪失，因为，这其中涉及给朝廷报账，稍有马虎大意即可招来贬斥或杀头的风险。所以，生活在清水街上的我们，从小对“把、捏、撮”“升、斗、合”一类的计数是很在意的。再加上我家就住在新城，院子紧邻油坊、磨坊、缸坊和仓子，我家对面为过去明、清二朝的守备衙门、游击总署，现在的兽医站过去是官家司库，我家紧连南门洞东角，是明朝时的军械库和火药库。

清水城最初建制，按明朝“一营管二堡”的惯例，属于“堡”，受黄甫营辖制；没几年，清水升为“营”，黄甫降为“堡”，受清水营辖制。据《延绥镇志》和《府谷县志》记载：“成化二年（1466年），巡抚卢祥筑城于山坡，城周围凡三里一十八步，楼铺一十九座，遂移府谷县兵守之城于此，置清水堡。成化五年（1469年），设清水营，驻重兵镇守，兵1128名，马骡428匹。万历三十五年（1607年），巡抚涂宗浚增设关城三里二百九十八步，用砖包砌。”由此可见，清水营当时是取代县城（芭州）的兵守而建，地位十分重要。延绥三十六堡，府谷境内的六堡最受重视。孤山营驻有延绥副总兵，清水营的地位仅次之。明末农民起义的首难者王嘉胤之所以选清水为发起地，也是看重它在整个延绥防区的军事引领地位，拿下清水营等于说府谷县城就成为孤城。而且，清水出路很好，北可以联络蒙古兵，东进又能过河去山西，直取中原。当时，驻守孤山的延绥副总兵赶来镇压，一个个都是赴死成仁，只有曹文诏用计将王嘉胤杀害。

“步”在古代是一个普遍的尺码，无论民间还是官家都广泛应用。即就是现在，府谷上了年岁的人仍习惯用“步”来说里或测亩，如一步（指双步）等于五尺，一里是三百步，一亩为二百四十平方步。前些年，我突然想到丈量新城的城垣，测试一下明朝官员是否存在虚报瞒隐的情况。因为，修建清水城的费用全是来自公帑。经一下午的沿低上高、绳拉米量、步折成尺、尺进到米一番运算，最后发现古人遗留的记数八九不离十。

古人报销制度严格，最令我称奇的是司库和官兵雇员俸饷的出入和发放，尤其是征收折色税银之微细竟然能精确到“丝”“忽”“微”“粒”。如清时的游击：满年俸银三十九两三钱四分，薪银一百二十两，蔬菜烛炭银三十六两，心红纸张银三十六两；例马六匹，银五十两四钱。说明领导的待遇还不错。再看士兵：马兵每名春、夏、秋三季每季估饷干银六两，加粮米豆九斗；冬季无加粮，估饷米银六两九钱；满年应支银二十四两九钱。步兵每名春、夏、秋三季每季估饷干银四两五钱，加粮米豆九斗；冬季无加粮，估饷米银五两四钱；满年应支银一十八两九钱。守兵每名春、夏、秋三季每季估饷干银三两，加粮米豆九斗；冬季无加粮，估饷米银三两九钱；满年应支银一十二两九钱。以上是乾隆《府谷县志》记载的薪酬，估计就是清朝当时的实算。雍正《府谷县志》更多反映的是明末时期官家对百姓盘剥的真实情况。如马夫一名，工食银四两六钱九分五厘五毫，内除荒银二两八钱三厘八毫三丝九忽四微，实征银一两八钱九分一厘六毫六丝六微。我原先一直以为“忽”就是“丝”，直至读到《孙子算经》：“度之所起起于忽，欲知其忽，蚕吐丝为忽。十忽为一丝，十丝为一毫，十毫为一厘，十厘为一分。”蚕丝已经够细的了，完全可以忽略，谁承想又冒出个比蚕丝更细到无法目测的“微”。微是什么？据《汉书·律历志上》记述：“无有忽微。”颜师古注引孟康曰：“忽微，若有若无，细于发者也。”府谷人形容精明过度、善于计较者，呼之曰：“抠厘厘剥毫毫。”这里出现的“忽微”，用我母亲常说的一句话“一根头发能阔八半掐”来形容一点都不为过。

过去称金银等贵重物品用的是戥子，如中药、胭脂粉等。另外，据雍正《府谷县志·田赋》载："原额：折正一等，共地五百五十二顷一十五亩三分，共额征本折粮二千一百八十八石八斗三升六合二勺八抄五撮。每亩科本色粮三升八合七勺五抄六撮五圭八粟七粒。"这里的"石、斗、升、合、勺"，我们都见过，能理解。至于后边的"抄、撮、圭、粟、粒"，不要说闻所未闻，即就是亲眼所见，也总感觉算账算到粒太过夸张，难免让人对古代国家的会计制度产生疑问。据《孙子算经》讲："量之所起，起于粟，六粟为一圭，十圭为一撮。"这里边，我只知道"三指一捏为撮"，至于粟、圭就只能凭揆度了。我们那里不产稻谷、小麦一类，只有糜谷，而糜谷颗粒小到微的程度，怎数得清呢！

清水城过去曾为军事、政治、工商之中心，辉煌近五百年。所以，清水人对度量衡的计较显得特别认真。清水人把秤的"准"叫"定盘星"，把秤的提绳叫"毫系"，把秤的"权"叫"秤砣"。清水人把十几斤以下的称量叫"字"或"至"，意思是刻度在哪个字上，或捻秤绳到哪里（至哪格节）；而把几十斤以上的、需要两个舁秤杆的人称量的叫"挂"，即挂起来称。过去由于秤的斤两不统一，有十六两为一斤的老秤，人们常说"半斤八两"即此意也。听老人们讲，清水过去还流行过二十四两秤。由于秤的种类混乱，计算起来太过复杂，人们老害怕被人捉弄，故而小时候，清水街上一有买卖事发生，经常见买东西的人，人手一杆秤，卖家过秤后，非要用自家的秤盘量一遍。这样一来，因为秤的标准不一致，换算难度大，说着说着买卖双方就起争执，最后能争执到不买不卖的地步。

清水人把量油灌醋打酒的"提子"叫"尺子"或"抽子"，把盛油装酒的柳编叫“篓子”，小一点的叫“葫芦”。小时候做游戏，两人手拉手，嘴里念着“油葫芦油扁担，咱们二人伙翻转”，一边同时将胳膊向上，身子掉转，二人背靠背而立。但是，挽着的胳膊还是紧绕在一起。如果游戏双方是男女，那就更有意思了，此即古人讲究的“两小无嫌猜”吧。“油葫芦油扁担”，意味着黏糊，再能“咱们二人伙翻转”，那就粘在一块儿了，好得不得了。本来是大人们的合情暗语，被我们小孩子家成天在大人面前翻来翻去，奇怪的是大人们也不出来管管。小时候常去自家院里的油坊玩，看他们收油籽时的吟唱，特别有意思。当时有农业社，附近乡村先将胡麻、黄芥、臭芥交给油坊，等秋后再来取兑换的黄油。负责收油籽的叫“六五大爷”，名字得自他爷爷六十五岁时他爸生的他。“六五大爷”手拿刮子（古代度量衡叫“概”），每一斗装满，他用刮子从斗的这边沿斗梁刮过去，再从斗的那面沿斗梁刮回来，嘴里就唱道“三斗过了，三斗过来”；主要是怕将斗数搞错，不得不自唱自记，同时也提醒别人帮着记。那曲调听起来既鲜明，又悠远。现在想起还忍不住要吟两声，可惜怎么也难得那个调。

度量衡是严格的计量标准，容不得半点差池，清水人最看重这一点。

2019 年 2 月 2 日于渭南山榆居

从“茶饭”说起

记得在我小时候，府谷人就将“茶”与“饭”组成一个词“茶饭”，我印象特别深刻。在外生活的四十年里，关中人待客从没有将喝茶作为一道程序，他们在生活中也不会有“茶饭”。而在紧邻山西的府谷和内蒙古黄河的套里套外，人们见到从外地回来或走亲访友的熟人，招呼之中，不免要问“茶饭”怎地格，意思是吃得好赖，对方招待是否热情。被问之人一般会以“‘茶饭’倒是不赖，就是时间长了想家”作回应。对那些长期在外揽工受苦的人而言，回答一般则是：“苦倒是不重，就是‘茶饭’不行。”总之，饭食的好与赖，单看饭菜的质量不能说明问题，必须在饭前加一茶才可以衡量招待是否热情，规格是否隆重，从中体现出的亲热程度是否贴心尽意。可见茶在该地区人们的生活中地位重要。当然，茶之重要，在生活中的必不可少，又引申出生活之质量高低也不得不用“茶”来表示，如“粗茶淡饭”就说明生活的紧迫，经济不宽裕到买不起好茶，熬不出细茶。另外，府谷人把那种上门遇冷的情形叫“冷凉八淡”或“冷凉寡淡”，这是形容对方的招待纯粹出于应付，所以，幽默的府谷人就端直以茶的冷热来形容。

茶和饭相联系，说明茶在府谷人的生活中，不仅是日常趣味所致，而且直接关乎待客之道、礼序之周。但是，求诸史籍，遍考地理，不要说府谷一带没有茶叶的生产，就是整个淮河以北的大半个中国，除秦岭深处有茶产之外，无论西北还是东北，茶这种饮料中的仙品之嫩芽在北方难觅踪迹。由此，要想追踪府谷人的茶饭渊源就必须从身边的山西说起……

茶由于温湿性凉的特性，主产于我国南方北回归线一带，从武夷山到云贵高原的低湿雾罩地，向来是上品好茶的集中产区。中国人对茶的认识始于唐朝，最初是当地的医学之家、采药师等自饮，发现味美解乏，还有明目提神之功效，就向亲友患者推荐。后经素食戒酒的住庙山僧访得，列为唪经修身的佳品加以推崇，饮茶之风就是靠南方的游僧走商带到文化、政治中心的北方来的。由于品茶之士多为高僧大德中的文雅君子，所以，皇帝周围一时多了会煮茶的专家，饮茶也就不再是喝水那么简单之事，而是代表品位的高端、雅趣的舒展。《茶经》作者陆羽的例子非常典型，他不仅通过茶的专精成为皇上跟前的红人，还通过学术包装将产自民间的一道饮品直接上升到与圣贤立言的“经”的高度，而且开创了一种风气、风潮、风景，经久不衰。

茶饮始于唐，盛行于宋，到了明朝，饮茶、嗜茶之风已经深入市民社会的街坊、市面和巷尾深闾。这喝茶的程序，是表示欢迎，也是接风洗尘的礼数规矩。同时，古代社会宾主见面，必须是以官服官见，亲友以礼服礼见。社会中的贤达乡望不能以便服往来，所以，官员出访赴请，高头大马、袍冠穿戴必须一应俱全。而跟班在后罗列，这些人手举肩扛之箱笼无非是到达之处的换穿衣物，也即便衣。宋、明期间将正席前的茶饮设为招待的一种，实际上是对客套之后官服换便服的一次适应性检测，也拉开了招待的序幕。喝茶虽为待客之前站，但是，喝茶备点之细致精选，也可看出亲情疏密冷热。如果热茶落肚，情浓上心，刚好勾起对正席的喜盼冲动；如果茶凉果硬，心淡情懒，对接下来的正席也只有应付心理。所以说，喝茶的规矩，有人不在意，有人则非常讲究。

地处偏远的府谷人为何也热衷于中原正统的大热茶道之风？一是府谷处在延绥防御之关键边陲，守卫将士将中原文化、习俗、茶饮带来这里的影响所致；二是府谷与山西一河之隔，是“走西口”的必经之地，明清之际，大批商家富户落籍，从而使得蕞尔之地，其风雅和文明之腹地一起共舞悠扬。所以，府谷人作为宋、明军守官兵的后裔，拥有晋商文化的底蕴，对“茶饮”文化要义的接受传承就显得理所当然和顺情应礼。

府谷和山西仅一河之隔，早在明朝设互市时，大批商人从山西进入这里，初为行商，后改为坐商，在府谷的黄甫、县城及麻镇一带起房造舍，买田置业，作长久安家的打算。等到清室开放边境，茶叶贸易一马当先时，这里又成为“走西口”的要津、通往西北的最后留守地。故而，中原文明中“礼乐茶为重”的习俗，通过戍边将士、朝廷命官带来，再经晋商茶客的推动，就越发显得讲究。待客之道茶为尚，就连平常百姓人家，一遇重大事件（如婚嫁迎娶或丧葬成礼等），必然也是茶饮贯带，一丝不苟。过事时专设茶房为一档，和糕房、面房、酒房一样看待。记得小时候，人们的生活艰难到食不果腹，而在我吃请的几次婚宴中，一大早亲戚们来，首先是被礼让到喝茶的一桌，就着几碟名为“茶食”的菜点，有当地产的冻海红果、醉枣、油炸正麻叶和拧转反麻叶。每人面前一碗热腾腾的红茶，不管你渴不渴，这是必需的礼数。我那时是个小孩，再加上饿，对吃糕粉汤的兴趣要比喝茶的瘾大，所以，茶也就喝几口，等着茶席散去，赶快坐到糕面桌子的椅垫上。早餐前要喝茶，中午正席喝茶更是不可缺失，还有吹鼓手乐班鼓劲吹打伴奏。主家对待喝茶的亲戚设专人看顾，又是招呼又是礼让，关照客人们茶喝好，喝好茶。我们把这个职业叫“看茶”，和“看酒”“看席”一样重视。

府谷人平常一句“茶饭”的问候，足以显示茶在府谷人生活中的厚重历史，以及府谷人有别于其他群体的不平常的文化品位和独特气质。一碗滚烫的茶代表着府谷人的热情与坦诚，同时也是府谷人待人接物的基本操持与礼训，温润诚实，敬客为上，客走也绝不会茶凉。

2019 年 5 月 17 日于渭南山榆居

火炕眷恋

每年十月，也即古人所谓“七月流火，九月授衣”的农历九月授衣时节，黄河以北的大面积地区进入烤火取暖期。我的老家府谷一带紧邻晋北，与内蒙古相连，烧炕取暖应该更早一点，在中秋节过后十来天就要料持炉灶，搂柴打炭，准备随时即用的烧炕以御寒。不然，寒风霜降到来，夜露沉重，裘单被薄那是很难熬受得起的。

炕起源于何时，不得而知。而炕进入文人视野并被大加赞赏是宋代的事。如文学家朱弁有诗云：

炕寝三十韵

风土南北殊，习尚非一躅。
出疆虽仗节，入国暂同俗。
淹留岁再残，朔雪满崖谷。
御冬貂裘蔽，一炕且蜷伏。
西山石为薪，黝色惊射目。
方炽绝可迩，将尽还自续。
飞飞涌玄云，焰焰积红玉。
…………

朱弁作为南宋议和使官，没想到被金羁押十六载，其节直追苏武，写成文学史志多帙，其侄孙朱熹为其行状，推崇备至。从诗中可以看出，朱弁对金国一带习俗很是无奈，而且很是鄙视；但是，唯独对东北的土炕不反对，还大加激赏。

这首诗透露的信息，一是证明整个有宋一朝，长江以南不可能以西山石炭为燃料，就连东京汴梁一带的广大华中平原也无暖炕这种设施；二是作为一个南方人，朝廷命官竟然对敌国的物事如此着迷，“飞飞涌玄云，焰焰积红玉”，可以想见，以煤炭生成的土炕魅力之无穷也。

火炕在金国统治的北京地区很是普及，金国重臣赵秉文《夜卧暖炕》诗是这么说的：

京师苦寒岁，桂玉不易求。
斗粟换束薪，掉臂不肯酬。
日粜五升米，未有旦夕忧。
近山富黑墼，百金不难谋。
地炕规玲珑，火穴通深幽。
长舒两脚睡，暖律初回邹。
门前三尺雪，鼻息方齁齁。
田家烧榾柮，湿烟泫泪流。
浑家身上衣，炙背晓未休。
谁能献此术，助汝当衾裯。

“长舒两脚睡，暖律初回邹。门前三尺雪，鼻息方齁齁。”睡在火炕上的安然自在、舒徐畅达可以达到一种忘乎所以的境界。不要忘记，赵秉文此时为朝中一品大员，竟然有睡于火炕如羽化的仙域鹤乡之感觉。

火炕之美在女真诗人完颜璹眼中，更是和睡懒觉的舒坦、参禅悟道的高觉联系在一起，让它有了人间至境的超然：

如庵乐事

人间最美安心睡，睡起从容盥漱终。
七卷莲经爇沉水，一杯汤饼泼油葱。
因循默坐规禅老，取次拈诗教小童。
炕暖窗明有书册，不知何者是穷通。

老家府谷自古为煤都，到处是煤，故而取火便利。如火炕这样在大都市只有达官贵人才能享受得起的重配，在我们那里可谓家家必备，即使生活困顿到没吃没喝，大冬天一炉炭火还是要生旺的。晋陕蒙一带，但凡起房盖舍，盘炕是必须的，而且还是细活。如果炕洞不畅，溜烟漏气，不仅居住窝囊，弄不好还会发生煤气中毒，那可是要出人命的。通火炕洞周到，过火面积才能充分，诗中所谓“地炕规玲珑，火穴通深幽”，即指盘炕时，炕洞必须纵向顺流，不能有任何交错阻滞。石板铺设的大炕居家则为十人最阔，四五人宜适，二三人有之。至于车马大店则是二三十人挤为一炕的大通铺，风雪交加之夜入住，热闹非凡。关键是暖和如春，离愁别绪顿然消失如烟，在梦乡中也难以觅寻。

炕铺齐备，作为地下与炕上之隔的炕棱就显得特别醒目与重要。大户人家的炕棱讲究坚硬与美观，必然选黄亮而散发清香的松柏木以横亘嵌盖，既分天地之尊卑，规定坐姿与立站之长序，也将一屋之格局设大化小，虚实配置匀称。

有了炕铺、炕楞，连接炕台的炉台就尤为重要，它必须“南辕北辙”不说，还得东北角对西南角，尽量将间隔距离拉大，以求风力强，过火面积兼顾均匀。府谷话里的“锅头”与“阁落”，最初就是指灶台与斜对着的烟囱出口处。“锅头”是灶台通炕的入口，最暖和，一般为老年尊优之显位，年轻人没有资格抢占和僭越。

炉台的设置，为了卫生和通风的便利，一般选在靠门的壁墙。大小高低也很重要，太低则生火造饭不便，弯腰霸胯，日久天长，不论男女，谁都难以支撑；太高则欺主，火星飞舞，炸油乱溅，容易伤到灶娘；灶台合理的位置是低于炕楞下沿不过二三分，宽不出墙门，长一般为炕长的四分之一即可。

有小孩子的家庭在火炕与灶台以炕楞为界处，必然要搭建一个带窗户的隔断，将暖炕与灶火重地分开，以防孩子蒙稚而冒失地被烫伤、烧伤。像我们家的祖上，不仅炕台与灶台有隔，而且，在炕上与地之间，专设一台门，门两侧是直通仰尘的雕花阁档，这样，居于炕上就自成体系，避除不关事之童仆闲佣的打扰。居于紫禁城里的皇帝，将自己龙御憩息的地方叫“暖阁”也即此意。只不过农家人是取暖做饭分不开，而皇家巨室居与食是分别处置的而已。

灶台的设置以巧妙为宜，一般设大小两个炉堂，前边的口小，坐的是小锅，后边的口大，占去锅台三分之二的面积，常年稳一个大肚子铁锅上去，一年四季来人过节的烹煮蒸烩等吃食就全指望它的优秀表现了。炉子垒成，风力如何，炉火的快与不快，全在于炉堂下面的炉烬的深浅容积。它的面积阔绰宽大，进风充裕，助风动力强劲，那么，借风使劲的灶火就没有燃烧抑制的道理。

所以，真正勤快之家衡量之标准主要看这家的炉烬灰是否出得快，而我们那里的好泥匠为人料持炉灶从来不说先掏炉烬，总是在炕洞的翻揭上下功夫。因为，翻揭炕洞费时费工，自然工钱就可观。

其实，对于我们这些祖辈在炕头上长大的人而言，赞美留恋火炕的温馨与温暖，主要还是隔不断家乡的那份情感，以及家乡文化给人的滋润与营养。人常言“一方水土养一方人”，其实强调的是人在不同环境下因地制宜的发明和创造，谁能说这样的创造与发明不是巧夺天工的奇迹？

2018 年 11 月 29 日于渭南山榆居

二月二，炒豆豆

“二月二”的缘起，不外乎“龙抬头”一类的赓续。在皇家无非扶犁于郊庙，以祈年丰。民间则是洗脚剃头，瞭高以盼风调雨顺。

然而，所有这些中原人之美意，在府谷人看来，似乎为时过早。所以，二月二在府谷，也就有了不同的习俗，附着着别样的含义。

随着元宵节的最后一枚鞭炮响完，灯游会的最后一盏彩灯熄灭，我们小孩就不由得要念起一首童谣：“二月二，炒豆豆。他妈养个宝后后。”至于啥时养宝后后，从来没关心过，关心的是二月二快点到来，尽早吃上炒豆豆。

炒豆豆一般在二月一，白天、晚上都行。豆子必须是真豆豆。我们叫“大黑豆”，为的是和喂牲口的小黑豆区别开来。颜色有黄有白也有黑，还有绿色的，夹杂其中，真好看！

二月二这天，上工的、拦羊的、走亲戚的，男的女的兜衩里，都塞着半截豆豆，走着往嘴里撂两三颗，说着话也不忘塞四五个，只听得“咯嘣咯嘣”的嚼咬声。

对于孩子们，就是另一番享受了。

一大早，装满豆豆的兜衩子，个个鼓胀胀的。二搁幸的两个兜衩子都鼓胀胀的，我的兜衩从来都是半袋。大家见面，首先是交换着吃，你给我半把，我给你半把。三有才从小没娘，也就没豆豆，只好是大家给他，每人半把，也有给一把的。反正，吃完还要，大家就再给他半把，我呢，还没等他要，兜袱已是底朝天了。所以，他从没有向我要过二遍！

交换着吃，是为了比试谁家的豆豆炒得好。有那讲究会炒的，像小明他娘娘，先把要炒的豆豆踅簸一番，然后再用水浸泡。这样炒出来的豆豆，颜色清亮，颗颗珠玑，又虚又脆。不像我父亲，天已近夜，人都等得急了，他才烧火打炭，就像垒“火龙”一样应付。锅已冒出干燥味，他才去挖一碗豆子，也不踅簸，更不泡，柴草渣渣还在上面，就随便往锅里一倒。等到“噼啪”声响起，里边的柴草早开始冒烟了。如果再不出锅，柴草就要起火，连豆豆也要烧焦了。所以，每年二月二，我们家的炒豆豆，硬，还带有焦煳味。吃完，手是黑的，连嘴及半个脸，都是黑乎乎的。

二月二这天，对孩子们而言，重头戏是“点灯灯”和“围灰舍”。

夜幕降临，孩子们坐在自家的炕头，等着母亲把点着的鸡蒲篮灯执来。然后，由孩子自己端到炕头的窗台上，放在正中，以图把窗户照个雪亮。

鸡蒲篮是用软米糕做成，就是当地一种农作物，叫“黍子”的软糜子，去壳碾面，然后用锅蒸，出来便是金黄金黄的软糕。正如歌里唱的“大红枣儿软油糕”，没用油炸过的，府谷人叫“素糕”。

母亲先抓一块素糕，在案上摊平，转圆圈的边上，捏成棱棱，成为一个盘子样；再抓一块素糕，捏一个肥硕丰满的母鸡，让它卧进盘子的正中；然后，再揉十几二十个素糕蛋蛋，大小不一，团放在母鸡两侧，最好是翅膀下，呈母鸡抱窝状；最后，用小块素糕，做一个酒盅样的灯盏，骑在母鸡的脊梁凹处。这样，一个寓意母亲生产顺利的母子平安的鸡蒲篮灯就做成了。一般情况下，家里有几个孩子就做几个。

快到上灯时分，由父亲搓一节细细的棉花捻，再舀一勺勺胡麻油，倒进酒盅灯盏里，将搓好的棉花灯捻放进灯盏，头头担在盅盏沿外，点着。

这样，用糕做成的鸡蒲篮灯，从盘里到盘外，在孩子的守护下，就变得里外通明，全家暖融融。

当然，说是守护，并不等于手就停着不动。灯盏里的捻子快着完时，鸡蒲篮里的圆蛋蛋糕，也差不多被捏揣着吃光了。二搁幸更是等不到“围灰舍”，就把鸡屁股的后半身也给吃得个干净。

接下来就是“围灰舍”。

孩子站在院中间，面朝南，母亲端半簸箕炭灰，围着孩子，用炭灰画个圆圈，然后说：“用力往出跳。”害怕跳不远，踩线，我们都是用力一蹦，跳出圈外老远。这时，大人们会轻松一笑，说着鼓励的话。

用炭灰画圈，跳出，意思是跳出火灾，跳出灾难，保佑孩子平安长大。这一点，从第二天扫灰倒灰时的口歌中，最能体现：

灰哉灰哉离我门

　　把你倒在下圪塄

愿到谁家到谁家

　　反正不要到我家

…………

府谷人的二月二，充实活泼，充满情趣。所以，离家在外三十多年，我仍然要给孩子讲家乡二月二的过法。晚上，同样要给他们用灰烬“围灰舍”，让孩子奋力向外跳。

因为，我坚信，二月二就是中华民族最古老的妇女儿童节！

2015年5月22日

地方语言篇

府谷方言漫话

我的家乡——府谷，沟壑纵横，黄土漫漫，无论从哪个角度讲，都可谓十足的“穷乡僻壤”。它北连内蒙古，东南以黄河为界，与同样是穷乡僻壤的晋西北的河曲、保德二县隔河相望，西边连接绵延数千里的毛乌素沙漠。让人意想不到的是，就是这么一块偏远之地，却保存着中华文明最古老的华丽辞藻、优雅表述，以及外来语的汉化生动。当地童叟日用之语、男女百业口操之习，即所谓“方言”。

府谷地处晋陕蒙三角地带，自古以来，属边陲重地，寻常百姓不会注意其存在。但是，九阙重门里的君臣们，却不得不关注其得失。因为，边关的安宁，关乎国家之强弱。所以，自秦汉以降，历唐经宋、明，府谷一直是朝廷保国守土之国防重镇。尤其是北宋时期，当延安以北的大部分面积为强悍的西夏所占领时，府谷就自然成为抗击羌人的堡垒。为此，作为朝廷重臣的欧阳修，曾三次到访督边，向皇上亲呈奏文，历数府谷地理之重要。到了明代，万里长城沿北境贯穿而过，明堡暗寨星罗棋布。像我的老家——清水堡，军队级别已到游击、参将（相当于现在的营团级之间）。清朝边界北移，蒙汉一家，府谷又成为“走西口”路上的集散地、蒙汉往来的中转站。直到抗战，国民革命军重兵布防府谷黄河沿线，以防对岸的日军。靠近北界的哈拉寨，有抗日名将马占山将军的部队驻扎，以御日寇从包头南袭。可见，每遇国难，作为朝廷的重要防务，府谷的得失都要和整个国运的安危捆绑在一起。

由于关乎国运命脉，府谷自古虽说“山高”，可是距离“皇帝”并不远，它的城是用国库的公帑建成的，它的民是皇帝亲自拔取委派而遗留下来的。所以，取中华文化之精华，得风气之先，就呈自然之势。

府谷自古就有“穷山恶水”之称，再加上与胡人近邻，现有记载和地下发掘证明，这里的住民，主要由三部分组成：一是军户，二是移民，三是“走西口”的货郎。

漫步府谷的旧城、古堡、老寨，你不由得感慨，其气派之宏伟、选址之危势、造化之精美。其特点突出“防”和“守”，其布局是军制和民居区别对待，格局森严。如清水营，东南北城门互达，从东门楼到西边制高点的玉帝楼，四丈宽的直道一字通天，三座高耸的牌楼骑街外，不允许有任何占道之物突出。而且，两旁建筑不许有窗户面市。护城墙一律以工整石条为础，半壁以上是烧制标准的城砖砌身，中间通道，石板铺设，两边雉堞，自然高低凸显。将台高处，帅府、敌楼、瓮城、和烽燧相呼应。即使如今颓败，也让人不由得为古人的睿智和仁勇而感叹！当然，国家的人力、物力、财力的投入，足至关键！

一流的投入，自然要用一流的人才。国家级的投入，自然要用国家级的管理人才。

府谷最早的建制，可追溯到汉。但是，其地位之日显，到唐时才明了。清水有一僧寺，其正殿梁脊枕木楷书有“大唐尉迟氏督建”。尉迟氏是西域和田国之皇族，入唐后，专事国内的建寺造像工程，持有唐室的“营造执照”。可见，那时府谷已入皇家的视野。经宋，府谷的镇守已是皇家直接任命，杨家将里的佘（折）太君，从其祖父开始，就是镇守府谷的朝廷命官。到明朝，实行军户制，一日从军，世代罔替。所以，那些受命于朝廷的将领武弁，不得不举家从全国各地迁徙而来，世代累居。

古代选官，人品为重，科举为重。和科举比，人品显得更重。如果科举成绩不能决定中或不中，还能由重臣保举，皇帝仲裁。但是，人品有瑕，一票否决，断不敢拿去让皇上御裁，蒙君之罪是要掉脑袋的。所以，府谷所谓"方言"，其实是由这些外来的饱学之士带到"荒蛮之地"的诗书礼仪的"中华正声"的积淀，和这些优秀传承的后辈们进一步创造和发扬光大的结果。

府谷人在交流中，出现最多的一个字"去"，仍然维持着汉语中古发音，读"ké"，如"你去哪格呀""你去哪格来了"。"ké"是"去"的古音，说明说话人的古义与儒雅。

还有一个字"可"，也是府谷人常挂在嘴边的最普通的用语，如"那可是个好人""这鞋做好了，可颤豁了"。这里的"可"是形容词，是"很、正、合适、恰好、十分"的意思，读"ké"。它和《庄子·天运》"其味相反，而皆可于口"及刘禹锡《生公讲堂》"一方明月可中庭"中的"可"，意思贴近，用法一致。所以，府谷人有时把"可好"与"正好"互用。

和"去""可"一样，府谷人还将"将"字的古义，沿用至今。比如，把某东西取来，他们说"把那东西拿将来"，如有贵重物件送亲朋好友，会说"快！你拿将格哇"。这种对动词的辅助、对名词的指代用法，实质上是李白《将进酒》"五花马，千金裘，呼儿将出换美酒"和罗贯中《三国演义》"绑将过来""推将出去"的"将"字的实体再现。

虽说人生百味，艰难曲折，其实是衣食住行之简单叙事而已。

落实在表达中，无非就是几个动词的凝缩。府谷人不惧千年变幻，坚持和中华文明一起舞脉，既修养了操持，也丰富了内涵，更激发了其在文思领域的创造力。

古朴暗合古义，也孕育了府谷人心地善良、光明磊落的秉性。府谷人把明净叫“明光泽烂”，把明白叫“精精明明”，称女孩漂亮为“国香”（国色天香，有的女孩名字就叫“闻香”），把动作利落叫“夹马流星”，把地块平整叫“一马（má）平川”，把大功告成叫“得（dié）胜回营”，把午休叫“歇晌”，把祭祀用的食物叫“贡献”。

府谷人在思维状物时，显得极具文化功底。他们在描绘人物事件时，往往爱抓特征，传神备至。譬如，形容长者为“慈眉善眼”，形容漂亮为“光眉俊眼”，形容奸诈为“刁眉溜眼”“鬼眉窜眼”，形容忠厚为“和眉善眼”，形容失态为“失眉勒笑”，形容失势为“灰眉拙（chù）眼”，形容身胖为“肿胖不瓷”，形容鲁莽为“坎七塄八”。

文化的积淀厚，底蕴深，自然使得府谷方言中有许多创造性的引申，细细品味，真让人拍案叫绝，这在古今舞文弄墨的大家们看来，恐怕也会被誉为千古奇绝之事吧。比如，府谷人把那种不守道、不守信，进而胡作非为的人和事，叫“灰人”“灰事”。一个人，一旦和“灰”字挂钩，成为“灰货”，意味着你要“倒灶（霉运）”了，没人和你结亲，也没人和你接近，怕牵连。所以，府谷境内但凡被称作“灰人”的，没几年就变得匿迹，再过几年便会有消息传来，说某“灰人”下户到其他地方居住了。其实，这“灰人”就是一种引申的特指。在明朝，新疆的哈密地区居住着一支“灰人族”，其“重杀好饮，服式礼节与西夷相同……籍畜牧，以种树为营生”。按说这没有什么不好，以游牧为生，还有种树专长。但是，对于以农耕为主业的600多年前的汉民而言，这“灰人族”首先就是不务正业；其次，“重杀好饮”会成为社会治安的大患，由于地处边疆，自然是重点防范的对象。府谷属边防重地，人口中以军户为主，所以，无论朝廷的牒报，还是平常的政训，防范和教训的对象，必然是以“灰人”来说事。久而久之，“灰人”就成了“灰皮二流子”的代名词。

最能体现府谷方言的想象力和创造性的是对“船人”的引申。船对于山地上的边民而言，就是游荡，漂来漂去。所以，府谷人把那种热衷于交游、喜欢走友访邻的熟人，称呼为“船人”，意思是多时不见，还想见。同时，“船”也用来当动词。“这（zhái）船人又船将来了？”意思是游荡来了。“这一向在哪搁船（chuàn）格来了？”“搁船”意思是停泊，即没在这里泊船，你跑到哪里了？

类似的引申妙用，还有“搁枪（qiàng）”。府谷人把没事闲溜达叫“你搁枪甚了”。其实，这是一句军人专业用词的引申。宋、明时期，这一带的国防军人，时刻以操练为己任，手中武器以枪为主，所谓休息、放假，就是“搁枪”。同理，还有“搁练”。“来，咱俩拣这会儿没做的，搁练给阵阵。”意思是拉一会儿家长里短。还有“搁称”，意思是你掂量着轻重，就像往秤盘上搁东西一样，免得一会儿高，一会儿低。“你搁称（chán）甚了！”意思是你能甚了。当然，这句话如果把“搁”字换成语缀“圪”，“搁称”就变成“圪趁”，重点强调“趁能”，也讲得通。又如府谷人把“垃圾”叫“恶煞”，这就更传神了，谁家愿意将凶神恶煞留在家中或身边？最好是能送多远就送多远。

再比如“神”字的引申，简直是出神入化。说“你神给一阵阵”，意思是让你像庙里的神像一样，静静地坐着。进而把那些没到外边闯荡，守家在地的人叫“神了一年”。演义起来，虽说没到外边挣来钱，但是，却像神仙一样，享受着清福。显然，语言如果失却了引申，也就没有了幽默和风趣，而幽默和风趣，正是机智所为。

据说，语言中的“儿化”现象在北京话中最常见。因为，现存的多数语言学工具书及大学课堂的语言课，都将北京话中的儿化习俗列为专章加以重点突出。其实，打从小时候起，府谷人就被浸泡在儿化中，一刻也挪移不动。我们管钱叫“钱儿”，过年放炮叫“放炮儿”，小孩叫“孩儿”，唱歌叫“唱曲儿”，寺院叫“寺儿”，观音殿叫“殿儿”，驴打滚叫“打滚儿”，当官叫“当官儿”，拐弯叫“拐弯儿”，等等。总之，生硬的单字变儿化后，就力显柔软生动，趣味十足。

同时，府谷方言中的儿化应用，还有一种特殊功能。比如，“老婆”是夫妻间的称谓，但是，当“老婆”变成“老婆儿”，就不属于夫妻间的称谓，而是对老年妇女的称呼。人家媳妇年纪轻轻，若称“你老婆如何”可以，你说“你老婆儿如何”，那就是不尊敬。另外，当地人为了表达得精准又生动，大量使用“单字重叠加儿化”，如“款款儿间拍了一下”，意思是拍打的程度很轻很轻，近似于“抚”了一下。这“款款儿”，读起来是平仄顿挫，意思又是多么的雅致而富有深蕴。还有轻拿轻放是“轻轻儿”，不要说话是“悄悄儿”，动作麻利叫“噌噌儿”，安鸣给阵阵（府谷方言，指安稳）叫“乖乖儿”……所有这些“单字重叠加儿化”的应用，无论从音调的婉转，还是语义的精准深刻上，都反映出府谷人在传承中华文化的深厚基础上的发扬与创造。

汉字与拼音文字不同，会写不一定会念，会念不一定会写，会写会念，不一定懂意思。人们依靠创造，想方设法，在有限的空间里，挥洒出无限的神韵。

府谷方言里，还有一种创造性的语言应用方式，就是“反切”。反切是中国传统的注音方法，用两个汉字相拼的方法为另一个汉字注音。府谷方言中，对反切的应用，可谓炉火纯青，令人拍案叫绝。不仅用了切中的字，还把反切所用的字也活用到淋漓尽致。如“拨浪”的切字是“棒”，当地人是“拨浪”也用，“棒”也用，只是在轻重拿捏上有所考量。如能在手中把玩的叫“拨浪”，像“拨浪鼓”，而需双手舞弄的木棍叫“棒”。最引人失笑的是，小时候玩耍，我们把高粱秆秆叫“棒棒浪浪”。在这里，谁切谁音是分不清的，但是，它在表达上的舒缓恰意曲折的美妙，至今仍散发着童趣温馨的芳菲。如此还有许多，如“圆”的反切“括掠”，“环”的反切“活挛”，同样，反映在用法上，是有微妙区别的。如“院”的反切“圐圙”，当地人把敞地围牲口的栅栏叫“圐圙”，而把人居的围墙叫“院”。这与游牧的蒙古族不一样，蒙古人不拘人住还是圈牛羊的场地统称为“圐圙”，而没有“院子”一说。

语言之生动，缘于创新，而创新则需文质底蕴。府谷方言得之“中华正声”，又兼根须深远，所以，力显枝繁叶茂，活泼生动。人际交往中，府谷人即使偶有龃龉，也不会脸红脖子粗，恶语相向，污秽不堪，更多的是轻声慢辩，智慧机敏。

府谷方言，精致生动有内涵，不仅因为它是中原文明的直接反映，也与其地理上紧邻蒙地，以及人们从事职业的多杂有关。它能便利引进外来语，以进一步丰富自己的表达。如“活拉盖”（贼，骗子）、“圪泡”（私生子）就是突厥语和蒙古语的直接引用。只不过府谷人在应用时，总不忘再加上汉译：“你真正儿是个贼活拉！”“你可是个杂子则圪泡！”以示愤怒之极！再比如“巷”“胡同”，皆为蒙古语。府谷人把家叫“巷儿”，大街上遇到亲戚朋友，会邀请对方“去（ké）我们巷儿间吧”，就像现在的内蒙古地区仍把家叫“家巷儿”一样。当然，府谷人对“巷”字的应用，除了当“家”是个创意外，还有更精彩的创新。如把主街叫“正街”，把正街之外的街道叫“合浪”，这“合浪”正是“巷（hàng）”的反切。除了保持“巷”字的本义外，凭空又在这外来语上，多造出一个活灵活现的对副街道的优雅表述。

府谷话中，还有一些词语直接来自满语，如“硌硬”，表示反胃、厌恶：“啊呀，快不要弄了，硌硬死人了。”类似的还有“央告”“稀罕”“耷拉”“掏腾”等。

这些外来语的加入，不仅丰富了表达，也为语言的革新创造，开阔了无尽的空间！

徜徉在府谷方言之中，就犹如置身于古色古旧的古玩市场一样，虽然看似没有新意，但是就在不经意间，确能发现新奇。当然，这需要把玩者的学养、定力、眼目。府谷有个词叫“夏娃”，主要针对那些嘴馋、贪吃的习性量身打造。“那人到谁家巷儿也不拉假，可夏娃了。”意思是，自个儿不取贵，只要主家客气一下，也不管人家甚意思，端起碗就吃；有时，即使主家不礼让，也照样坐下就吃。说明原本就是专为讨吃而来，这种贪吃不顾脸红的表现就是“夏娃”。几十年来，我为这“夏娃”二字可谓煞费苦心。记得前几年的一次课堂上，当说到亚当（Adam）和夏娃（Eve）被上帝逐出伊甸园时，我突然间想到，这夏娃的馋嘴贪吃特征，不正是家乡话里的“夏娃”吗？

基督教传入府谷，历史上从无记载，但是，成吉思汗统一蒙古之前，克烈部的蒙古人就信仰景教，这不能说对府谷一带的百姓没有影响。再加上当地又处口里口外的交叉要道，南来北往，四通八达，三教九流，无时不在交流影响之中。所以，“夏娃”虽非土产，却能准确替代汉意，用之又能增色，对聪明的当地人而言，何乐而不为！

府谷人把不守时、不定制的随意吃喝行为，叫“害斋”。这就更加奇怪了，因为，历史上没有听说过当地有伊斯兰教，也没有清真寺（虽然当地的僧尼有将吃素视为吃斋饭的习惯）。这里的“害斋”，就是对伊斯兰教斋月定制的破坏的引申。

府谷方言的概况，到这里总算有了个粗略的头绪。要想仔细了解，还须深入其中，就像古玩行家，认真把玩，耐心品味，真知灼见是瞬息之间的顿悟。

总之，我为生我育我的家乡骄傲，更为那里储藏着的中华文脉的新鲜活泼而自豪。当然，我更愿为府谷方言的发掘整理而费心劳力。同时，我也会为至今还在传颂说唱这优美旋律韵调的父老乡亲们，献上我最挚爱的礼赞！

2015 年 4 月 4 日

再论府谷话中“儿化词”的应用与功能

打从小时候起，从蒙学到能认字儿百个，府谷境内，尤其是像清水镇这样文化气息浓郁、庙宇戏楼密布的地方，孩子们会合，时不时会有识字方面的诘难发出：你倒可（ké）能认字了？那你给咱写几个出来——老婆儿的“婆儿”字，媳妇儿的“妇儿”字，观音殿儿的“殿儿”字。

我那时为这几个字的写法，每每苦恼折腾到饭不香、夜不寐的地步。从小学、初中，再到高中，直到上大学后，自己涉猎汉语书时才发现，儿化词在北京话中最常见，于是想到困扰我十几年而府谷人用了上千年的口语中的“婆儿”“妇儿”“殿儿”。结果发现，府谷话中的儿化词应用不仅是普遍现象，而且，儿化经府谷人的应用变作了加工，以其丰富的内涵和造词的精巧，构成府谷话中最具表达性、生动性和情感性的基本要素与必不可少的因子。所以，有必要对其加以重点评述。

关于府谷话中儿化词的应用，我曾在拙著《山榆笔记》中收有一篇《府谷方言漫话》，将其作为很重要的特色提出并加以简单陈述过，就其一些显著特征做过勾勒，比如“款款儿”，我把它叫作“单字重叠加儿化”。这种名词重叠后边带儿化的表达方式，瞬息就将名词变为形容词，使语义立马活了起来，还在表达上出现了轻重缓急，让你感觉身在情境之中不说，而且，体暖意浓得好像要激动起来一样。“我就款款儿间拍了一下他。”意思是拍的程度很轻很轻，近似于银牙轻咬、面带笑容地亲昵地抚了一下。这里边的“款款儿”，头一个“款”表达抚的程度轻重，紧接着的“款儿（kuǎnr）”是对“款”的动作的优雅的全程交代，说明整个“抚”的过程是不急速中的轻拿轻放轻起轻离，不带起任何微尘细絮。类似的优美组合还有“轻轻儿”“悄悄儿”“噌噌儿”“乖乖儿”“好好儿”等。

针对府谷话中儿化词的广泛应用，我把它大致归类为如下几种：

第一，府谷话中的儿化应用集中体现在仄声字（本书中所谈的“仄声字”，指的是府谷方言中的“单音符”，为中古音的保留，如今在越剧的唱词、道白中也有留存），如钱儿、寺儿、籽儿、曲儿、墩儿、画儿、索儿、雀儿、刺儿、块儿、数儿……仄声字大量出现在汉语地区的农工百商、士人学子辞家之中，时间长达几千至上万年，是我们汉语流行中必不可少的一种方式。随着西方注音文字的东渐，我们改组汉字节奏的加快，现在仄声字在国人中据说已近绝种。但是，府谷人没有接受汉语拼音洗礼的如我们这一代，仍然在不知不觉中说着仄声字。原因就在于，府谷人虽然也忍受着仄声字的发音急促，但是，府谷人在仄声字后“儿化”，故而仄声字不仅无一点“仄”的逼仄，还扩大了音区，拉长了音调，更多是通过加强语韵语调，自然利于情感的表达，不自觉地向仄声字注入了丰富的情愫。如籽种的“籽”，府谷人从来不拿“籽”来单用，要用必和其他类似的字拼对（如“籽种”），绝大部分的情况下将“籽”字儿化，组成“儿化词”，如“这日儿年的葵花籽儿长得好，饱横横地间”，而不说“葵花籽”，主要是嫌弃不加儿化的词讲起来不畅快，还没张嘴就得闭上，非等儿化后说出口时才显尽情表达的过瘾。

府谷话中的这种仄声字通过儿化将“短音变长音”，还表现在将一些字的仄声通过儿化后变为平声。所以，这也是为什么走在有府谷人聚集的地方，人们之间的气氛始终是和眉善眼，说笑自如。府谷人祖辈来自南方的军户与簪缨之家，近世大部分是从河东过来的生意人。他们负皇家礼仪之责，立身自营之命，走到哪里，谦逊为本分，和善为生命，谁若龇牙咧嘴，在外地做“睁眼霸王”，亲人会担心得一夜难眠。

府谷人由于来自五湖四海，千百年来养就了他们心善手勤嘴甜，性格平和。府谷话将许多的仄声发音通过儿化后，很顺当地改为平声字，如“裤”，声音低闷，加儿化后就变成明亮的“裤儿”。“袄、钱、曲、影、殿、寺、滚”变成“袄儿、钱儿、曲儿、影儿、殿儿、寺儿、滚儿”后，无论发音的宽泛，还是语义的加强，都显得腔圆调和，而且精彩生动。所以说，和府谷人说话，如站在《打金枝》的舞台上，满耳尽眼浑身都是在和解打劝亲情的温暖喜气祥和的舒缓旋律氛围中。因为，他们的谈话中连字词的仄声都不见，至于表达中的动词语气更是尽量能省就省，他们需要说动词时就像唱功好的演员会换气一样，让你根本察觉不到半点生硬。和府谷人相处就如听晨鸟鸣唱，无任何威胁的惊觉生起。当然，府谷人一旦动怒也是平常人想象不到的，其最大特征是骂口时绝不用一个儿化词，全是去掉平声的仄声字，而且，一个个仄声字如一粒粒钢硬的子弹直射。

第二，儿化词一旦进入句子，往往预示着这个词从语义上会发生转变，表达的情感会更加从容，让听的人理会起来更生动形象。如“惑撩甚了？”“惑撩”在这里是谓语动词，意思是：“你无事跑动，想做个甚？”往往是指某人图谋不轨。但是，如若给“惑撩”儿化变作“惑撩儿（liāor）”，意思是鬼头鬼脑，如果用作句子：“你个鬼惑撩儿跑逛甚了？”这时的“惑撩儿”仅仅是名词性的形容词状语，而不是作为动词用。再比如“会”：“他大妗你怎会来来了？”这时的“会”和“怎”组合，组成状语，仍然带有动词性质，表达问候人的感激之情，同样的表达还可以说成：“他大妗你怎想起来来了？”不过，假如给“会”字儿化变作“会儿（huìr）”，进入句子就失去了动词的性质，纯粹变作名词性的疑问式形容词状语：“你这怎会儿才起来？”意思是多怎会了，你才睡起床，要脸了不？当然，为了加强这句训斥的语气，府谷话中必须在“这怎会儿”之后再加一个“才”，这样主动增加儿化词“会儿”在其中的分量。“会儿”的分量越重，代表时间越长，突显懒到家了，太不像话。类似的儿化应用意味着意思的彻底转化，如“索”字，当它加儿化变成“索儿”，意味着神圣不可轻慢，只有父母亲、本人和庙里的和尚可以触碰。在府谷当地，孩子生下，父母亲特意将其寄托在庙里，受神祇的福佑。而庙里住持会将一根红棉绳经佛像前许愿后绾在孩子的脖子或臂膀，以示神的孩子，四方野恶不得侵犯。红绳的“索儿”一年讨一次，一次得神赐一根，直到十二岁保佑期满，结成一条红辫裤带给孩子衿用，一年后丢入河滩的长流水中。由此可见，普通的“索”一经儿化便立马神气十足。在通用规范汉字中，实在找不出一个与神佑意思相近的恰当的字，本地人于是脑筋一转，就地儿化一词出来，大家约定俗成，问题就解决了，既有音又有字，所以，只要提到或有“索儿”的地方，那一定得庄严对待。又如“飘”字，当单独应用时，如：“那人走上路就和（hà）飘一样。”说明那人身体不好，瘦到快飘起来了。但是，当“飘”字儿化后，“飘儿（piāor）”进入句子，意思就大不一样：“看那她婶婶活得个人儿（gèr）精神的，走起路来格飘儿格飘儿。”说的是人有精神，走路都像唱戏的一样，既扭还舞着屁股，颠打二晃就和地上盛不下似的，快要升天了。府谷那边人家给孩子起名字，许多都是亲得没办法起，怎么办？将一些实的字加儿化，让它的意思顺溜着主家的爱意，如“张蛋儿（dànr）”。当地人将那种光圆滑溜结实的石子球、玻璃球叫“蛋儿”，看着可爱、活泼，把玩起来抟实可控，毫无滞涩沉闷的体貌特征，起这样的名字不仅爷爷奶奶放心，就是村里人叫起来也亲爽，不会有犯忌的担心。当然，叫“蛋儿”，念名字时千万不能读成“蛋（dàn）”，竭力与羊蛋、狗蛋区分，可见儿化的重要。

大量的儿化字出现，无疑为府谷人的表达增添了翅膀，就如在小道上开车，总比不上在高速路上的宽畅便捷，速度自然是关键。表达同样的一件事情，很多地方的人说起来只会用一种方式，也即大家通用的一种表达方式。而府谷人对语言的儿化字处理独显创意，所以会因人而异，有各种各样的创意词，以及前后语法颠倒的灵活应用。对小孩是一种说法，对父母亲又是另一种表达，对情人就更显独到，情感很饱满，语义很含蓄，表现出来有可能是眼神加一两个字的儿化就可以简单概括。故而我将府谷话中的这些儿化字取名为“儿化词”，因为它们大量地、随时地出现，使得府谷人的说话作文既轻松自如，又流畅生动怡情。

第三，府谷话中对儿化词的娴熟应用，形成了许多令当地人一听就明白的“儿化格式句”。这些儿化格式句由于使用年代久远，最终被精简为像似词的完整句式。如府谷人见外地回来的人，头一句打招呼：“多会儿回来？”“这日儿（zhèr）回来。”“zhèr”其实是“这日儿”经儿化后结晶为一个音的结果。一个完整词语经儿化变作一个字音而固定下来，这样看似莫名其妙的一个字音，其实是对整个事件的确切陈述。当然，这样的凝缩只有在儿化格式句中才能实现，可见，儿化词的创造性发明是何其重要。类似的句式成单个字音的还有：“前儿（qiánr）——前日儿”“明儿（míngr）——明日儿”“后儿（hòur）——后日儿”。

府谷话中炼句成字的表达，恐怕在所有讲汉语的地方也属特例。府谷人有时顺水成势，在一些看似稳定的词语中加进儿化词以增强语气和亲近的贴切感，更显生动性。如府谷人很少说“月亮”，他们说“月儿（yuèr）”，经过改造的“月亮”就便于和其他词组成新的词。如“月儿黑地”，你如果说成“月亮黑地”就有点夹生的别扭，就不如“月儿黑地”在意思上的通达深厚，而且读念时也顺口，意味着词语在出口时已经有黑亮阴恐的惧怕感悟生成。正因为这种巧妙的儿化词组装，故而就有了“月儿天黑地”等好词，“月儿上来了没？”等表达亲近畅意的好句。“月儿上来了没？”多深情的期待，让人不由得想到《西厢记》里“待月西厢下，迎风户半开。拂墙花影动，疑是玉人来”的优美妙境。

府谷话中的儿化词应用显然满足了人们生活中的情感需要，为表达生动而创造性产生，可谓语言中的奇葩。

2019 年 11 月 15 日于渭南山榆居

清水的话

——兼与《西厢记》道白比较

关于清水的话，我曾写过一篇《府谷方言漫话》，以整版刊登在《榆林日报》。文章虽然以府谷冠名，但是，举例时均以生我养我的清水的方言为依据。我认为，《府谷方言漫话》里，通过举例、论证和揆情测理，基本解决了当地方言中的字、意、音、写诸问题。所以，今天再写《清水的话》，除了对府谷方言是“华夏正声”认识的加强外，更主要的是作为对当地方言高雅优美生动的补充，以此来坚定维护中华文脉的信心。

方言犹如一座矿山，民族的文明、文化之瑰宝尽在其中。不仅如此，它也是一个地方的历史沿革变迁的浓缩。尤其是在民族经历重大动荡之后，在其文明、文化之遗迹荡然难觅之时，方言就成为有识之士拯救之举的最后“武器”。至少，清水的话就是如此。

清水城庙多，戏台多，一年四季中，庙会、古会也多。所以清水人爱戏，也会演戏。府谷县剧团自组建以来，从主演到乐师再到管理，清水人始终占据一半。这也影响到清水人的表达方式和说词用语。仅以《西厢记》为例，对比之后，你才能知道，清水到底有多古老，清水人到底有多古雅。

清水人：风箱坏了，下午请人来料持一下。

《西厢记》：（末云）琴童料持下晌午饭！那里走一遭便回来也。

清水人：这日儿可没给那个东西好气，叫我把他可好抢！

《西厢记》：被红娘抢白了一顿呵回来了。姐姐，我不知他想甚么哩，世上有这等傻角！（王季思注：抢，上声。董词："莫怪我抢，休怪我责。"又："花言巧语，抢了俺一顿。"）

清水人：这道题可难了，央及（jì）你给我作给呵！

《西厢记》：（洁云）贫僧一句话，夫人行敢道么？……对我说："央及带一分斋，追荐父母。"贫僧一时应允了，恐夫人见责。

清水人：看人家，穿扮得新格棱撑！

《西厢记》：下工夫将额颅十分挣，迟和疾擦倒苍蝇，光油油耀花人眼睛，酸溜溜螫得人牙疼。（王季思注："挣"与"撑"音近。撑，方言，美也。）

清水人：我款款儿间扑拥了一下儿。

《西厢记》：今宵欢庆，软弱莺莺，可曾惯经？你索款款轻轻，灯下交鸳颈。（款款即轻轻也。）

清水人：不行了，咱就找一个人折对一下，看谁说谎！

《西厢记》：谁无一个信行？谁无一个志诚？您两个今夜亲折证。（王季思注：折证，《元典章·刑部十五》有《折证》章。折证，意即持证、对证。）

清水人：端详甚了？没见过？

《西厢记》：端详可憎，好煞人也无干净！（王季思注：端详，即端相。《南词叙录》："端相，细看也。"）

清水人：东西没了，看炕阁落有了没。（炕阁落，引申为地里的塌坑或所有暗角。）

《西厢记》：黑阁落甜话儿将人和，请将来着人不快活。

清水人：还没出门来了，就转关儿了（变卦）。

《西厢记》：老夫人转关儿没定夺，哑谜儿怎猜破。

清水人：说得好好儿见，怎见就蹬脱了？

《西厢记》：白头娘不负荷，青春女成担搁，将俺那锦片也似前程蹬脱。

清水人：快点，你违拗甚了！

《西厢记》：（红云）我若不去来，道我违拗他，那生又等我回报，我须索走一遭。

清水人：那娃娃是抱养的，吃不上，穿不上，受折倒着了。

《西厢记》：送得人卧枕着床，忘餐废寝；折倒得鬓似愁潘，腰如病沈。

清水人：去，拿麻秸棍棍引点火。（麻秸，中空雪白，易燃。）

《西厢记》：投至得见你多情小奶奶，憔悴形骸，瘦似麻秸。（王季思注：麻秸，谓去皮之麻茎也。）

清水人：秋风起了，树叶子疏剌剌地响。

《西厢记》：绿依依墙高柳半遮，静悄悄门掩清秋夜，疏剌剌林梢落叶风，昏惨惨云际穿窗月。

清水人：张四走了快一年了，到现在杳无音信，不知道活着了不了。

《西厢记》：自张生去京师，不觉半年，杳无音信。

清水人：那小子没明没夜地瞎折腾，不知道贪饕甚了？

《西厢记》：重功名而薄恩爱者，诚有浅见贪饕之罪。

清水人：再不听话，就给下点牙爪。

《西厢记》：画虎未成君莫笑，安排牙爪始惊人。

清水人：硬打捱着把这半碗也吃了，小心路上饿。

《西厢记》：硬打捱强为眷姻，不睹事强谐秦晋。

清水人：走，咱俩一答里看戏嗒。

《西厢记》：拣一个吉日，了这件事，好和小姐一答里下葬去。不争不成合，一答里路上难厮见。

清水人：门里出身自带三分。（指匠艺人家的孩子学艺。）

《西厢记》：我仁者能仁，身里出身的根脚。（王季思注：身里出身形容以本身所干的行里出身，如出身医门的医士、出身匠户的工匠。）

…………

清水人不仅满口满嘴的戏文清词，就连说话时的声腔语调，也是一色的舞台效果下的抑扬顿挫，清雅飘曼。

近来，偶读一本叫《茶叶与鸦片》的书，书中谈到唐宋以来的外交政策，最重要的就是“羁縻”。“所谓‘羁縻’，就是一方面要‘羁’，用军事手段和政治压力加以控制；另一方面用‘縻’，以经济和物质的利益给予抚慰。”“羁縻”发音为“jī mí”，意思是笼络控制。我猛然想起清水人常说的一句话：“你羁縻着点，各人心里都有数。”意思是，你不要太张狂，过分对谁都不好。发音一样，表达一样，只是更注重警告、敲打。联想到此，当时的我简直快蒙了。谁能想到，一帮种地拦羊拉炭的农民，个个土眉混眼的老粗的口操之语，竟然含有千年之前朝廷的对外政策。事实上，今日大学里的师生们，除历史学专业外，恐怕没有几个能识“羁縻”为何物，更别说历史渊源了。

清水自唐宋明以来，一直作为中原政权的边陲要塞，是朝廷政策朝纲直达之区，自然，它的语言中浸润着官家的高贵范。清以后，它失去了重镇的身份，但是，语言中的官范不会消失，只是，连当地人也不知自己原来是“贵人”。

类似的发现，还有在写《清水的庙》的萨寺庙时，遇到唐宋建筑的斗拱和出昂，意思是，拱逐级加高，说明跳越来越多，所出的昂也多。这样昂多跳多的建筑就越显高端、宏伟、气派。清水人有句赞美孩子的话：“这娃娃将来有出跳。”“出跳”意即出息、出展，像楼宇的出跳一样，将来能成气候。显然，这是一句专业术语的引申。说明，最初讲“出跳”之人，一定是建筑大师，同时，证明清水城居住的一部分人群，是专业技术人员，匠艺人出身。

最近翻字典，发现“曶昕”词条，想到老家有一句：“都几点了，你才曶昕起来了？”这“曶昕”原义即“天快亮”，清水人只是把名词引申为动词，就变成了“你没按时起床”，既幽默又贴意。

确切地讲，把清水话作方言对待，确实是有污尊身，不成敬意。据《现代汉语词典》的定义：“方言：一种语言中跟标准语有区别的、只在一个地区使用的话。”如此说来，清水话自唐宋起，就是官语，无论它的音、调、意，均于官家成一统。因为，这里的城池、庙宇都是用公帑修的，文官武将及兵弁商工匠艺人都是朝廷选派的，公文牒报都是直达朝廷的。所以，它的话语言辞，没有理由不和官方保持一致。言下之意，清水话很久以前就是中原政权标准的国语。

我从来都认为，清水人说的话，不属于方言，应该是几百年前的官语。它承袭了几千年汉文明的精华，是名正言顺的“华夏正声”。为此，我曾说过：“有时真想建议同乡们，人人动笔，写出府谷。因为，从娘胎里起，府谷人就有文采的潜质，忠于方言，刻画神情，标新立异（指主题），文学无非此二三事尔。”令人惊喜的是，最近读到两部作品，一是赵瑞云的《清水川》，二是田聪明的散文《妈妈的心》。二人同为清水川人，所写也为本地事，其叙述行文为清一色的地道清水川语，即所谓“方言”。其文辞之优美、表达之细腻、情感之真切，让人真正体味到中华文脉的隽永绵长、中华文化的温润豪迈。尽管俩人用纯粹的当地语写作，却感受不到任何粗鄙山野之气，读到的是府谷男人外敛内直的儒雅和豪气。一句话：“走在府谷的沟峁间，你的误会均来自对方的发音。如果把这些写在纸上，你会惊讶，这些不识字的农汉家婆们，都是有着读《诗》背《书》的底功，闻着唐诗宋词元曲明小说的墨香长大的。”

2016年1月16日

单说府谷话中“做囟”一词的用意深刻与久远

府谷话中的“做”，即就是作一般动词用，也要比其他地区的用法多出许多。如府谷人将每日所务叫“做营生”。中国自古命阳世的经营是“营生”，阴间的安逸叫“营死”。府谷人视所有的为生计而劳务叫“营生”，它是一个名词，同时也是一个漫长苦受的概念。但是，在它的前面加一个动词“做”，就使得“营生”这样带有哲学味的空泛之语，瞬息有了具体所指：“做营生去（ké）了，不是喝酒去了。”

府谷话中对“做”字的应用，不仅遵循汉字固有原义，而且还根据字义，创造性巧妙搭配，生成新词，扩展语境，既丰富了表达，又贴近了描写，关键是增加了汉语语言的文学性、生动性与趣味性。上文我们说了“做”作为动词和名词的搭配，这也是“做”字在汉语中的常见用法。府谷话中对汉字的创造性用法，在对“做”字的使用上同样是灵活多样，做到字尽其用，如一羊多吃，每吃口香味鲜，百变难忘。比如“做害”，府谷话意思是“糟蹋”。有些人不会吃羊肉，生生在大锅舀多半锅水往烂煮，让油水顺汤跑，把肉彻熬成些儿柴渣渣，甚吃头也没。“唉，好好儿（hāor）点新鲜肉给做害了。就那还能得不行，‘肉烂自香’，好像所有肉都是为了一个‘烂’，为了‘烂’只能是个‘煮’，再没有别的吃法了。”这里的“做害”指的就是如此烹制羊肉的做法，实际是把羊肉给糟蹋了。因为，这样煮熟的羊肉，肉香全进了汤水给稀释掉不说，还将吃肉中主要的享受，即嚼咬中的汁渗味觉满口噙香的通体快感给煮没了，肉烂熟成渣样，咬头没了，至于味道、香渗也早跑得不见了踪影。所以，这个地方用到“做害”，意思是不仅糟蹋到令人惋惜，简直是愚蠢得让人痛恨。

“做害”之所以在表达上既对事体描写生动，又包含了丰富的情感在里边，主要原因是“做害”将动词“做”和动词“害”组合在一起成为一个新的动词，加强了两个动词分开应用时的分量，更将词义的内涵从动作扩大到表情及内心的翻腾。府谷话中类似的创新还有“做过了”“做着了”“做抿”“做灭”“做刑”“做囟”等。府谷人将事情办砸了叫“做过了（lán）”，“了”当虚词用，表语气，表程度。“做过”与“做错”是一个意思，其实就是“过错”的分解应用。“做着了”的“着”是“着急”的“着”，同样是动词，府谷话读“zhé”，“做着了”意思是着上活了，惹下了大麻烦。同样，府谷人会说“这回儿（huír）揽下糊糊了，抖打不利了”，糊糊倒在地上，当然是难以收拾，表示难以挽回。“做抿”和“做灭”都是除掉，只是大小轻重有区分。“做抿”的意思重在“不当回事”，像抿死蚂蚁一样不费力气；“做灭”就是处灭。府谷人在用到“做抿”“做灭”时，大多是开玩笑或作为骂仗时的激愤之词：“你看爷爷把你苟的一回儿就做抿了！”“你试当把老子动一下，你看老爷做灭了你呀不？你那颗脑袋活轮（‘浑’的反切）能长住才怪！”

特别需要强调的是，府谷话中的“做刑”与“做囟”，同样有处灭、除掉之意，而这两个词又充满着汉语的远古深意。府谷人把将残疾的婴儿视作多余而处理掉叫“做刑”或“做囟”。“唉，那娃娃生下来就没人要，在月地里（府谷人把坐月子叫‘月地里’）就做刑

（做囟）了。”“刑”在古代不仅指施刑，也有杀的意思。“刈人之颈，刳人之腹，隳人之城郭，刑人之父子也。”（《吕氏春秋·顺说》）“做刑”在这里就是处理掉、废掉。

我认为，“做刑”的“刑”换作“囟”或许更符合其本来原义。府谷和商朝晚期才归附的沚方国即今山西河曲县一河之隔。也就是说，那时府谷一方被一个或多个与商敌对的强大部落占据，阻挡它跨河越界。人类最密切的关系莫过于长期相互敌对交战的双方。也许人与人、国与国的了解深切并不在友好亲近之间，而是在仇视之间，所谓“知己知彼，百战不殆”。据甲骨文记载，商王朝盛行祭祀中有一种叫“天祭”，即将祭人立于祭台对着神主位或祭祀对象，在一番折扫香燎后，在祭人的头顶开个口子以示尊祀。甲骨文中的“天”和今天的“天”字写法、意思均异。甲骨文中的“天”，上边的一横原本是“人”字上边的一个大圆点，意思是凸显人的“头”。《说文》:“天，颠也。”我想，人头骨最薄弱部位莫过于囟门。所以，结果一个人的性命最直截了当的方式就是冲囟门一击。如今天屠家宰杀大型牲口，仍然将牛拉至事先挖好的浅坑前立定。然后，屠家手持铁锤冲牛脑明顶（府谷人有时也叫“天灵盖”）的囟门处用劲一锤，牛迅捷倒地还没毙气，这时屠家会放下铁锤，拿起屠刀开始抹割牛的脖腔骨。府谷话中的“做囟”，其实是把毙人命从囟门始的“囟”名词动用。这样表达除掉性命，虽然立马让人感到残忍以至觳觫战栗，但是，那种真切与形象却让人刻骨难忘。文学、文字，不就是使人读后有“鬼哭神泣，惊天动地”之感吗?

关于府谷话，我一直拒绝称其为“方言”。第一，“方言”一词涉及地域的局限，而府谷话不仅居守在当地的人说，而且，它所呈现的原型句字在几千年汉语典籍中都能找到出处，说明府谷话不止府谷地片人在讲，连古往今来的才具文士也一直在讲，所以，怎能用一个“方言”来概括？第二，全国所谓成“方言”者，往往是有“方”难言，亦即讲起来可以成意，一旦写在纸上立马就成画符般暗语咒谶，没办法明辨其义。因为，在浩如烟海的中华文献中，它们实在找不到和自己相依的远祖近亲。关键是，某些地区的方言本身具有顽固不化的拒绝书写性，如果想用汉语的博大精深来表达其曲折幽秘，确实难上加难。世界上有许多民族留下了文字却绝了声音，如吐火罗族有文字遗存，可是谁也不知道他们长什么样，说话时的语调如何；还有些民族有语言声音，却没有了书写文字。府谷话对得上文书，引得出名著，合得准唐诗唐韵，入得了宋词元曲。你说它是“方言”，你是否见过如此普及的“方言”？第三，府谷话难得的是它的丰富多样的、结合农牧区生产生活特色而形成的创造性的有规律可循的词句搭配。仅此一点，我认为它对中华民族文化、文学、文字的贡献是巨大的，不仅是对传统语言的完整保存，更是吸收了外来语言的精华，形成自己的创新发展，其影响深远不可低估。府谷话中的词语创造、巧妙搭配，充分延展汉语组词规律，故而，它的新词妙句饱含历史深韵，经得起史海钩沉，自然融入汉语宝库，成为扩展想象力的精华，为中华民族语言的生动、精彩表达提供了充足的养分。

府谷话是我们有文化底蕴的府谷人骄傲的资本，保护府谷话是我们每一位府谷人神圣不可推卸的责任。

2019年11月9日于渭南山榆居

“拿”在府谷话中的活用

“拿”在府谷话中的本义仍是“取”的意思，这一点和汉语“拿”的意思是一致的。只不过府谷人在用到“拿”字的时候，必定要和“将”连在一起，这样用起来才显得是个地道的土生土长之府谷人。比如：“去，把院圈的笤帚给爷爷拿将来。”意思是把院圈里的笤帚拿来。“这捏儿纸烟没人吃了，你拿将去（ké）哇。”意思是，我不要了，纸烟给你了，你拿去抽吧。至于“去”字的读法，府谷人仍延续汉语上古发音，读“ké”（普通话读“qù”）。府谷一带人民由于活动范围的取舍，吃北不吃南，又由于唐宋文明的影响，尤其是在元明清时期，它是国家军事、政治和商贸的重心，是“走西口”的大道，故而，在府谷人的世代相传中，发古音、顺古调、用古韵好像是平平常常的事。反倒是学新让他们感到十分困难，如汉语拼音这档事在府谷人学习起来就万分艰难，首先那厚重的鼻音就难以发出外边人那种清眉俊靓的能浮能浅的轻松之感。相反，像仄声字在全国据说快要绝迹，而在府谷人的口头却比比皆是，大人小孩说仄声字时更加婉转，突出汉语古老、隽永的优美音韵。

“拿”字之所以要与“将”字连用，是因为府谷是宋、元、明的文化腹地山西的近邻，所有风俗习惯、饮食偏好、建筑艺术、待人接物均受晋人的影响，二者可谓形影不离。话说回来，最关键的原因是府谷人中有多半来自河对岸。所以，在府谷，把东西拿来叫

"拿将来"，把东西拿去叫"拿将去"，对"拿"字的用法完全和元末明初成书的《三国演义》《水浒传》里的"拿"字用法一致，没有任何走鉴。"却说那妇人接酒在手，那西门庆拿起箸来道：'干娘，替我劝娘子请些个。'那婆子拣好的递将过来，与那妇人吃。"（《水浒传》第二十四回）"宋江扒将起来看时，月影正午，料是三更时分。……摸将出来看时，果是三卷天书，又只觉口里酒香。"（《水浒传》第四十二回）这种将宾语省略，突出动作用"将"字替代的语序特点在明清以前的文字表达中已经形成一种格式，目的就是凸显汉语的明了、简洁、生动。只强调形象塑造、刻画人物的神灵活现，尽可能将冲淡表情动作精彩的名词省掉，是传统语言在刻画形象时最特出的拿手绝活。这也就是我们阅读古典小说、散文、戏曲时，为什么古人用最少的词语却能描绘最丰富的意趣，也即最具想象力的文学空间的奥妙所在。

类似于动词后边用"将"替代宾语的例句，在《三国演义》中更是随处可见，几乎成了固定格式的口头禅了。如"推将出去，斩了"，或"绑将过来，跪下"，意思是将谁推出去砍头，或将谁绑着过来跪下。府谷人千百年来一直说着古话，原因是唐宋以降，中国文学的重心发生了根本性的变化，以山西为中心的文学创作群成了中国文学的生力军，金朝的元好问，元曲四大家中的关汉卿、郑光祖、白朴均为山西人。明初小说巨擘罗贯中作为山西作家，除了完成《三国演义》外，据说《水浒传》也是在施耐庵去世后，经由罗贯中最终成书的。施耐庵、罗贯中二人大部分时光在江南度过，写作也是在风景秀丽的苏杭，尤其是罗贯中为出书还远游到更偏东南的福建，简直是"醉在南方忘故乡"。奇怪的是，从《三国演义》到《水浒传》，无论是描写的英雄气概，还是语言的雄浑与干练，你不仅感觉不到任何江南人的吴侬软语、和风柔弱的细腻与多情，反倒是北方人的豪爽与筋劲的气魄直逼。那语言无论是语气，还是道白的直接、精悍与生动，句句逼真，字字针刺，给人感觉和三国里的人物说话要避免啰唆，和水浒好汉过语尽量少说为妙，如果你不想吃老拳的话。由此可见，以晋语为中心的书面语就是当时的主流语言。

府谷人一直讲着元曲、《三国演义》、《水浒传》中的话，保留了当时人们交流时的语音、语调、韵味，以及说话中的神采、情趣。我曾多次向府谷人谈起，府谷人讲话之所以生动传神，是因为府谷人说话时都在试演着舞台人物的角色，他们的音调配合动作、神情，只有在戏曲传奇、小说杂耍中才能观赏到。如府谷人遇到久违的亲故，首先是手一扬，伴随着嗓门也高，面露惊喜之色："哎——这一向去（ké）哪儿个来了？怎解连个面也不闪一下？"所以，我经常讲，也一直坚持认为，府谷话绝非方言所能概括，它将中国文学的众多因子都包含在内不说，还将唐诗、宋词、元曲、明小说的韵调、节律和发音原版原样地继承下来，并且在丰富了周边游牧民族的语言特色的基础上，更加优秀了汉语的表达。故而，我从来都认为，府谷所谓"方言"，其实是中华民族几千年的优秀传承，是奠定中华民族语言基石的遗存与积淀，不应该以方言待之，更不应该因"土味"而弃掷。

府谷话中的"拿"除了与"将"连用，将动词后的宾语省略以突出人物的生动神态这一汉语优秀古典用法外，府谷人还在长期的交流体验中，将"拿"字和其他的动词组合，用以表达心理活动的复杂，表现出十足的创造性。比如，府谷话中将那些面对对方有求于己而又故意延宕别人热意而采取不否不决态度的做法叫"拿端"，如果程度再严重一点就叫“拿扭”。当然，无论“拿端”“拿扭”，重在一个掌握火候的“度”，太过僵持就有可能引发对方的绝情，从而形成各自伤情的遗憾，尤其是在男女说亲论嫁方面，“拿扭”太过，说不定会自伤至终身悔恨。张三家的后生看上李四家的女子，两家大人也认为差不多，般配。于是，张三托媒向李四提亲，李四家对来客也接待，也热情相叙，基本探明李四没有不同意。但是，第一轮拉定婚事后，也仅仅是拉定，过了好长时间，张三家发现李四家对这门亲事并没有表现出太多热心，也不捎话，更无往来递达和亲之事。虽然张三家不时去探问合婚成礼的事宜，但是，李四家的态度始终不温不火，对张三家的提叙吞吞吐吐，含糊以应付。张三家肯定李四家是有了心事，不是嫌自己家穷拿不出想要的彩礼，就是为女儿计另有打算。经多方计议，张三家派人上门催问：“你家是甚意思，拿端够了没？”李四家听出意思后，只能虚以应付：“哎，不着急，娃娃还小着了。”“你看，有甚要求就说，我们会尽力支应。当然，支应不伴，我们也敢另想办法，不能就耗在你家这一棵树上？”李四一听，觉得再“拿端”不定，女儿这桩婚事可能会黄，这可不是闹着玩的。只有那些脑子不清的父母才会将儿女亲事当萝卜白菜一样轻易处之。这时，如果张三家的媒人再来一句：“不要再拿端了，如果再拿扭下去，说不定货烂会赖在个人儿手里，看到时怎办！”李四再一听这话的语气，本来还想装一把头脑走神，一看事例不对，赶紧撤马回头，话题一转便回到论嫁的实处：彩礼的多少、房子的大小、将来小两口的安排，等等。

府谷人用到“拿端”，主要取这两个动词合到一处而形成的“悬空”状态。一般而言，有“拿”就有“放”的落实，有“端”就有“递”的动作，没有谁拿起东西会永远拿着，端着盘子会永远端着。

将两个有起无落的动词合在一起，让它们永远处于悬空状，说明其飘忽犹疑，落子不知于何处的窘迫。当然，用到“拿端”一词说明事态只是轻微的阻滞，主人公在大的方向上还没有到择选改变的时候。如果用到“拿扭”一词，说明事件发生了严重分歧，非得不惜摊牌以一探。“拿”和“端”的动作幅度趋于一致，属于一个级别的震荡，而“拿”字后边配“扭”的动作，这就意味着“扭”让“拿”的动作失形，稍有疏忽即有可能使“拿”也被拖入“扭”的大动干戈之强力中。故而，事态发展到让人说出“拿扭”一词，交涉双方都会觉得有刻不容缓的危机之虞，从而使得事情要不柳暗花明，要不便朝急转直下的方向而去。因为，府谷人知道，“拿扭”之后，马上会碰着“扭趔”，而“扭趔”前的“扭扭趔趔”还有挽回局面的机会，若发展到“扭趔”的地步，说明是“置气”开始了，“置气”的结果会“忿生”，一旦“忿生”，其后果就不可预判了。

府谷话之所以生动活泼，关键是因为它的汉语基础深厚，直接秉承农耕文明与游牧文明的精华。故而，府谷话在所谓“方言”中，词汇更多，表意更深刻，表达更贴近肌理。就像打仗一样，我这里轻重武器齐全，没有必要担心缺枪少矛，任尔什么样的情况，我都能信心十足予以抵挡。

2019 年 10 月 25 日于渭南山榆居

府谷话中的“祲气”

府谷话里经常把一些不尽如人意的“事相”“物相”“色相”归为一个词：“祲气”。如某人情绪不高，死气沉沉就像叫殃打了，亲友会说：“怎来了？看你那个祲气。”又如某人见了长辈恼眉寡眼，不理会不说还怪怨，长辈会训斥：“怎解着了，谁惹你甚来了，看你那个传祲气。”又如某人不长进，混嗒溜挎（府谷方言，指身份低微，被人看不起），关心之人会说：“看你那个祲气，就那么个往下混呀！”总之，府谷人把那些不争气且带忿气的不健康的物事、人事统称为“祲气”。

其实这“祲气”的“祲”字大有来头。中华上下五千年，物事指代变幻无穷，尤其是文字的形与意更是不可尽窥其确意。唯独这“祲”字，从甲骨文为其定义后，一直维持至今，经朝历代其意再无争议。“祲”在甲骨文中的意思就是天象中的日晕、月晕，与“虹”的区别在于范围和长短距离。它是环绕于日月外围的反光云圈，出现在昼夜属反常现象，先人们总把它列为灾示的一类。为此，总要设祭以禳除。如甲骨文记载：

丙寅卜，宾，贞，告日有祲，于上甲三牛。(《合集》13329)

意思是，天上出现了日晕，于是，为上甲先祖献三牛以祭。甲骨文中类似因祲而祭的条目很多，足以说明祲象是一种“大不调”的不吉利。中国古代统治者，从西周末期始，都将自己称为“天子”，上升到日月的高度。故，祲象出现是其极为忌惮之事，必然通过作法设祭以禳灾。

府谷话“看你那个祲气”，你以为是方言乎？由此我联想到，父亲在世时，经常对他看不顺眼的人、事、物骂道：“再给爷爷吼喊，爷爷把你个灰东西一伙就领了牲了。”“领牲”是牲祭，在商朝包括动物祭和活人祭。甲骨文中所有的记载都是围绕着卜、祭展开，有卜无祭的文字有，但很少。从我父母一生的语咒与禳灾步曲（府谷方言，指步骤与观念）观，我有时会想到，府谷人的语言、习俗甚至表情，有无可能是三千七百年前的商朝的遗存呢？

2019 年 5 月 19 日于渭南山榆居

府谷由于处河套腹地，与山西一河之隔，历史上宋明在此设防，清朝开放界地，这里又成为“走西口”要津。故而，其东部以县城为中心的清水川、黄甫川辐辏的广泛区域，但凡形成村落必以寺庙、公所及明清古建而闻名，也必然有一些名人显迹的流传，它的终结必然伴随着一个朝代、一种文化和一种思潮的衰落，直至颓灭。

府谷，一个每时每处都充满历史余温的地方，如今犹显其价值之难得和不可替代。

5 月 30 日补记

说“摊帐”

昨晚和老乡小聚，猛然有朋友说：“这日儿这（zái）摊帐是我的。”由此引发了我对“摊帐”一词的思考。

“摊帐”，有些人写“帐”为“账”，显然是错的，也不符合其原义。自清朝康熙开放禁留地，允许蒙汉贸易自由，即由原先的贡市、互市一改而为跨境往来生意，汉人可以载货去内蒙古集中赶会，蒙古人也可以来口里贩卖。

府谷人把在内蒙古活动的区域分为几部分，将以黄河滩为主的区域叫“滩上”，将达旗以西的山地叫“达勒地”，把伊旗（伊金霍洛旗）一带王爷居住地叫“王子地”，把杭锦旗沙梁碛地叫“梁外”。府谷商贩一年中，主要赶赴蒙地的买卖为两个，即春会和秋会。记得长辈们曾说过，那时我们家有十五挂牛车，通年往来于府谷、内蒙古之间。去时，拉上汉地生产的日用，如茶、瓷、布、化妆品、镜子、农具和产自清水的烧酒及工艺品等；回来时，装载皮子、胡麻、臭芥，还有我们陈家设在耳字壕城塔的油坊自产的胡麻油等。和蒙古人做生意主要是置换，四爹常笑话人家牧民不会算账，说盘糜子不用斗，也不用秤，只用门扇。一门扇糜子再堆也堆不了多少，但是，门扇上放羊皮却能垒得像山一样，有时实在是“捉人”捉到心软了才不往上垒了。

蒙古人没有固定市场，只有在“过会”时才划一片草地出来辟为集贸易、聚会及赛马为一体的活动场所。现在内蒙古每年举办的“那达慕”即是其传统延续。时间一般为半月、二十天不等。另外，各个区段举行的时间也不同，有春季也有秋季。府谷商家很会掐拿机会，提前备办货物，知道哪一块地段的人们最热衷于甚，哪里的牧民最憨厚。所以，一年至少两次和会是必需的。

由于和会在滩野上举行，赶会的所有宾客一律设帐而居，买卖是就地摆摊。我们祖上不习惯驻帐，一般歇睡都在车上，下雨或太晒就躲在车厢下面。

这种流动式的临时买卖，府谷人称之为“摊帐”或“摊会”。其实，这种设帐摆摊的模式和古代人打仗时选地建一个临时指挥部差不多，汉人管它叫“军营”，匈奴等游牧民族叫“牙帐”。“摊帐”“摊会”现在府谷一带仍然照用不误。府谷人现在仍将赶会的流动商贩称为“摆摊摊”：“去，看一下‘摆摊摊’的来了没。”再比如工商、税务人员检查市场，见摊主不在，就会喊：“谁的摊帐？有人了没？没有就没收了！”

“摊帐”后来引申为“招待”“主家”“掏钱儿的”。如：“这日儿这是谁设的摊帐？”意思是谁招待？谁掏钱？又比如：“这摊会闹好了。”“看人家那摊会多热闹！”意思是招待得好，事业办得也漂亮。

府谷自古位于农耕文明与游牧文明的结合部，它的很多词语吸收了外来语，还有许多是相互往来的实践总结。故而府谷话丰富、机智、内涵深也是必然！

2019 年 2 月 1 日于渭南山榆居

说“骨殖”

府谷一带对人骨与动物骨头从来都是分开叫的。小时候，每到数九寒天时，家家宰猪，小孩们先是提着猪肠肠、猪毛和猪鬃到供销社卖。卖完后，大钱的块块交给大人，剩余的毛毛分分就可以在柜台上随意买几个糖蛋蛋吃。不过，我们家所有能卖的东西都与我无关，所以，我从来没钱买糖蛋蛋。等到正月过罢，二月到来，各个人家的猪骨头肉啃完了，小孩们又提着满筐的骨头往供销社跑。对于永远吃不上糖蛋蛋的我来说，只能跟在那些得意的小孩们后边，恨恨地嘲笑道：“三贪财，你又卖你大那骨殖格丫！”

“骨殖”（shé，普通话读shi）在府谷一带是个具有悲情意义的话题。因为，在府谷人的心中，“骨殖”仅指人的骨头，其他三牲六畜的骨头不能称作“骨殖”。“骨殖”一般多指死者的骸骨。对于大多数逃难到内蒙古的老人而言，他们临终最放心不下的就是骨殖回不去口里，归不到祖坟。所以，在内蒙古开往府谷的班车上，只要见有人的提包或编织袋上有红布条绑扎，那一定是孝子携下世父母亲的骨殖回老家安葬的。府谷人敬畏骨殖，有时骂起人来也往往以数落骨殖为最狠。如指责小辈中的懒人：“你懒得连骨殖也拉不起来了。”人唯有死了才拉不起骨殖。还有一些不务正业的年轻人吊儿郎当，也被人骂为“成天在外卖你大那点贱骨殖了”。人被骂到骨殖上，一般暗喻连祖宗父母也被捎带，可见其恼怒的程度足够厉害。

《说文》：“殖，脂膏久，殖也。”意思是脂膏久了，腐朽不见，只剩有骨头。说白了，骨和殖根本是一个东西。“骨殖”一词很早就出现在文献里，东晋葛洪《抱朴子·勤求》：“非老庄之学，故无骨殖而取偶俗之徒，遂流漂于不然之说，而不能自返也。”取学之脊梁的传承，“骨殖”是根本。元代朱凯《昊天塔》第一折：“被番兵将我尸首焚烧了，把骨殖吊在幽州昊天寺塔尖上。”元杂剧《合同文字》第四折：“费尽心机，赚出了合同的一张文契，才许我埋葬的这两把儿骨殖。”至于明代的作品，“骨殖”的使用率最高，由洪楩收集宋元明小说杂记而辑的《清平山堂话本·合同文字记》：“孩儿不须烦恼，选吉日良时，将你父母骨殖还乡。”汤显祖《牡丹亭·怅眺》：“果然后来退之公公潮州瘴死，举目无亲。那湘子恰在云端看见，想起前诗，按下云头，收其骨殖。”《牡丹亭·骇变》：“天呵！小姐骨殖，丢在那里？”《水浒传》第二十六回：“棺木过了，杀火，收拾骨殖，撒在池子里。”

府谷是宋明边关重地，也是元朝统御中原的腹地所在，故而中华文明的礼仪规矩、雅辞丽句在这里保存得相当完整，人们表达起来顺当流利。诸如“骨殖”这样一些在古代文章中很普遍，现在已经基本绝迹的文质秀语，在府谷一带仍然是百姓男女口操之必备、交流之必需。

2018年12月22日于渭南山榆居

十二岁是“开索”而非“开锁”

中原受汉文明影响，孩子长到十二岁就要举办一个叫“开锁”的仪式，意味着孩子从此可以自立，脱离了受神保佑的阶段。

我的老家处晋陕蒙一带，我们把“开锁”叫“开索儿”。在我们那里，谁家孩子贵气，一生下来就到庙上或神巫那里许愿，让其托神保佑。和尚或巫婆会将一根红绳绳经祝祷后，赠给家长绾结套于孩子脖颈，这样就使野路鬼神不得近身。每年一讨，每年一根红绳绳，即一根神索。到十二岁，十二根红绳绳自成一辫，父母将这十二根红索绳绳拿到庙上或巫婆那里，附带神使的辛苦费（钱或羊），要求解索，将孩儿还归人间自保。这时，神使们会让孩子父母及孩子在神祇位前下跪，叩头礼拜，谢过众神的十二年护佑。巫婆或住持会在神位前，将十二根红绳绳再添加一些红绳绳边念边辫成一条索儿，两头结实，让孩子当裤带衿一年。一年到头，由孩子自己到一个长流水的地方丢入河里，意味长命百岁。

记得我撂索儿的那天，是个十冬腊月，我带着母亲的重托，说一路端走，两眼不能斜视，更不能乱撂，必须丢进水流旺的地方。目不斜视，一直端行，路上遇人不说话，这些我都做到了，而且还认真得不行，比如碰着二搁幸，我就故意把头一低，装着没看着一样。只是我妈让择水流旺的地方丢索儿，这可让我为难了好长时间。我从上游的柳毛儿湾一直找到下游的前沿川，哪能找到一个流，连个水点点都找不着，全是冰连着冰，白灿灿的，泛着阳光的冰道。没办法，我最后只能将红裤带索儿塞进河道中的大块石下，冀望明年开春，河水一来就将它带向大海中去。

回到岸边，看着陪伴我十二年的红索儿寄放在那里，眼里不由得转出几滴泪。它是我孤独成长的见证，现在要和我永远分开，怎么说，我这心里也难抑舍不得的难受！

当然，府谷人现在给娃“开锁”，是一种错误的因袭说法。因为，去庙里求保佑，和尚们给的都是红绳绳“索”，没听说哪个庙上或巫婆是发放锁子的。

2019 年 10 月 3 日于渭南山榆居

府谷话中的古汉语运用

府谷话中的古义、古雅，以及表达时体现出的古趣盎然，其突出之处有三点：一是府谷话中的许多词语的难得，基本消失于现代中国人的口头交流与文本运用中，在现有的汉语工具书中也是名存实亡，字在义非；二是府谷话的语法结构仍然是古汉语文体语构的生动呈现；三是府谷话的语调继承着上古音、中古音的古朴浑厚，尤其是在山西梆子戏的影响下，它的日常发声基本反映的是舞台表达的情感丰富与细腻幽默。所以，和一个地道府谷人搭腔，你会惊讶于对方身上全方位的艺术细胞。

长期以来，一直困扰府谷学界的一个难题，即府谷话中最普通的字、词，讲起来是那样的贴切、生动，其神采、神韵具有斩钉截铁般的不可挪移性；但是，当你试图借助工具书，想找出其对应的字或词时，却怎么也难遂人愿。

笔者就是这些困惑者之一，几十年来，为着一个字的落实，为着如何找到一个字词的恰如其分的写法，那种受熬煎的程度绝对不亚于恋爱中人在村口的焦急等待。近日，我得空查找了几本汉语权威工具书，从《甲骨文字典》到《尔雅》，再到《汉语大字典》，直至李学勤主编的《字源》。毕竟是功夫所到，好酒窖深，初步将府谷话中的一大批关键用字从悠远的古代拉回。这些字或词深藏于历史的梁峁沟壑的交错与褶皱中，犹如调皮的高手和人们玩着谜一样的游戏，让人们天天嘴上念叨离不开，但是，你想逮住它却如做梦似的无从下手。同时，这些字的发现让我更担心起府谷话的消失，那绝对是汉语的损失。因为这些字词足以说明，几千年过去，有些汉字的精准、博雅表达，竟然可怜到只有在我们偏远的文化沃土的聚落小群中得以流传保存。

以下我想就“蔡”“喷”“缯”“湔”等字的古今意思，及其在府谷话中运用的准确性，谈点自己的发现。

一、蔡（cài）。它的出现在甲骨文中比“天”“地”都早，故而，“蔡”字的意思也特别丰富。可是，现在的人们（包括工具书里）对“蔡”字的使用主要也就两种，即地名“蔡州”、国名“蔡国”，以及作为姓氏的“蔡”。“蔡”在甲骨文中虽然只出现过一次，但是，从它的字形观察，似乎既非象形也非会意，可那姿势形态却显得十分凌厉，充满肃杀气。到了周替殷商之后，“蔡”字的意思才一下变得多样起来。书写记事者也不知根据什么，一会儿给它加个草字头上去，代表草；一会儿又给它挨个邑字旁，代表其和城郭有关。这期间还赋予“蔡”字一个铁定的意义，就是“杀”“散放”“减免”。“蔡”字身上这么多的刀戈刻痕，估计与其最初的“草”义有关，既然是“草”属，免不了会被芟刈，依据古人“是字必先想象引申”的中国造字习惯，“蔡”字被生生拖进“杀”道行列也就成顺其自然之事。最先发现这一秘密的是被誉为“一代通儒”的文字大家张舜徽（1911—1992）先生，他在著作《说文解字约注》中谈道：“蔡之本义，当为芟草。说解原文当作‘丰草也’。丰即割之初文，此与四篇‘丰，蔡草也’义可互明。”“蔡”义“杀”“散放”“减免”的成文记载主要集中在先秦的典籍中，秦汉之后，它的这一层主义似乎逐渐被人遗忘，很少有人再将其在文章中应用。《左传·昭公元年》：“周公杀管叔而蔡蔡叔。”杜预注：“蔡，放也。”“放”即流放，作为一种对悖逆之人的惩处。《尚书·禹贡》：“三百里夷，二百里蔡。”孔颖达疏引郑玄曰：“蔡之言杀，减杀其赋。”

秦始皇统一六国之后，应“书同文，车同轨”的时代要求，再加上统一国家需要治理文吏的增多，以及根据原有文字而产生的大量衍生字，汉字逐渐由原来的一字多义转而向一义多字发展，“蔡”字身上包含的“算龟”“芟草”“杀减”“散放”等意思，有了专门替代的造字，各个义项有专字代表。同时，对原有文字也进行了确认身份的固定，算是各就其位的“减负”吧，“蔡”字也就从“草”字的被芟、被左右的命运中解脱，不再有旧累的束缚，让人们一时将它几千年的历史遗忘得干干净净。可是，谁能想到，远离文明重心的府谷人民偏偏和这个“蔡”字唇齿相依，朝夕相应，生活中似乎随时都有它的用场，而且，唯有用它来形容状物才显贴切带劲。

记得小时候上学，见班上哪位同学仗着父亲的资历，突然变得张扬起来，不是眉开眼笑，就是见了我们不搭理，还不时拿一些稀奇古怪的我们从来没见过的玩意儿来班上展示，我们认为是炫耀。于是，同学的不忿之气便渐渐产生，大家在一起议论时也是愤愤不平，个个摩拳擦掌，咬牙切齿。“怎相？不行了明天他来，咱把他苟的蔡一顿，看他苟的还敢再能！”所谓“蔡一顿”就是主动找碴儿，或者端直上去拳脚教训一番。类似的府谷话还有：“这日儿可没给那苟的好脸看，可叫我把苟的编蔡上了。”意思是痛快地骂了一顿，因为用到了“编”。又如：“连公公带媳妇，一家子上去把张光棍老汉美美结实地蔡了一顿。”显然，张光棍老汉是得到了拳脚相加的侍候。另外，依据“蔡”字的这一义项，府谷话将一件正往热烈发展的事情突然变作哑火称为“歇蔡”（即“歇菜”），意思是停止了争斗。总之，凡是争议打斗的事由事端都能和“蔡”字扯上关联，而“蔡”字的这些语义，无论是通过文章还是工具书，在近两千年的中国典籍中难以谋面。

多少年来，我为找这个“蔡”，不知费了多少心思，比对了各式各样的“cài”字，可是，用来试去总觉得不满意、不放心。谁能想到，府谷人自认为土得掉渣的这么个天天念叨的口语，竟然是来自三千年前。“他二婶子不一样，娘家原来是唐皇。”要不是十几年的深耕细耘、字里行间的不断穿行，谁能将府谷话里的尊贵神圣理识得清？

府谷话中类似的古义字运用，脱节于主流文化的都市大邑、通衢省会，或是权威流行的汉语字典，而文人墨客的文章表折中几近绝迹的这些古义字词、句式，却在府谷人的辈辈相传中沿袭。

二、喷（pèn）。府谷人过去遇红白事务，由于场地的仄狭，总领在安排入席座位时要格外仔细小心，以免得罪重要亲戚，如老娘舅等。也就是说在安排戚人就席时，千万要注意，娘家人必须是先请就位的上客。府谷人管这种分批就餐称为“头份亲亲”“二份亲亲”，总领的行话叫“头喷子”“二喷子”。这个“喷”字原本是量词，专指开花结实的次数，如：头喷棉花、绿豆结二喷角子。《时尚南北雅调万花小曲》：“一句话儿你牢牢记在心，常言说花儿也自开一喷。”府谷人将其引申在排位尊人的次序中，我认为是恰如其分、量身得体的绝佳运用。而其他时候遇到头一拨、第二拨人马的表述，他们会用“第一班”“第二班”等，只有在设位尊长时才能用“喷”表达尊敬。

三、缯（zèng）。“缯”字源于甲骨文中的“曾”。随着生产力水平的提高，人们的社会活动的范围不断扩大，生活内容不断丰富，衍生字的诞生如雨后春笋般呈放任之势，掌握文字的书官及能文理篇的书生，谁都可以顺纹析木，就字析理，因需凑字，因字衍生。这个“缯”字在先秦时期很常见，既代表丝织品的总谓，也是丝织成衣的总名。同时，它既可当网鱼的“罾”，也可作射鸟的“矰”，还可以为做猪圈的“橧”。其实，除最能体现“缯”字本义的“丝织成品”之外，它的动词用法就是府谷话中“缯扎口”的“缯”。“缯扎口”在高雅的中原文明地从来叫“封口”，即把口封上，现代文学作品中也是如此表述。唯独府谷人非得在“扎口”前再加个“缯”，才显结实和完善。原来，“缯”字因和丝织的关系，本身就有“绑扎”的意思在里边。古代人们一直用作动词。元代秦简夫《剪发待宾》第二折：“将自己顶心里头发剪了两剪，缯做一绺儿头发。”明代王佐《新增格古要论·制琴法》：“神农氏始削桐为琴，缯丝为弦。”

四、湔（qiǎn）。《广韵》：“昨先切，音前。”“湔”字因水而命名，但是，使用中许多时候取洗涤之意。《说文》：“湔，一曰手浣之。”《广韵·仙韵》：“湔，洗也。”《史记·扁鹊仓公列传》：“湔浣肠胃，漱涤五脏。”北宋穆修《清明连上巳》：“改火清明度，湔衫上巳连。”同时，“湔”字还引申出洗刷沉冤的意思，如苏轼《西山诗和者三十余人再用前韵为谢》：“愿求南宗一勺水，往与屈贾湔余哀。”《金史·张特立传》：“近降赦恩，谋反大逆，皆蒙湔雪。”府谷话中将洗脸叫“洗眉眼”，将临时擦把脸叫“湔脸”。从地里回来，满脸汗渍，家人会舀一瓢水，放毛巾在盆里摆弄蒙湿，然后递过来，让掌柜的“先湔给把脸”。农村娃娃普遍不爱洗脸，好不容易给他姥爷过生儿，当娘的一把抓住娃娃胳膊，说：“快点湔上一把脸，再去得迟了，三毛蛋就把姥爷家的好吃的尽吃完了！”

府谷话中，每时每刻都有脱口而出的看似生僻，实质上是古义延续的常用字，如：二隶（yǐ）子的“隶”，绾（wǎn）疙瘩的“绾”，缒（zhuài）上绳下来的“缒”，一个模子铸（dào）出来的“铸”，没槎（cá）次的“槎次”，用手搊（zhòu）住的“搊”，一蹦子朝南踠（wǎ）了的“踠”，衿（jìn）裤带的“衿”，概（gài）共也没多少的“概共”，那疙瘩地明年得斢（tiáo）一下的“斢”，骎（cèng）骎解的“骎骎”，躲在你大脊背后扆（yǐ）住的“扆”，明年早早儿间把苟的黜（chú）发了的“黜”……

这些不折不扣的古义表达正是因为字、词难以找准对应，所以，在今天文学普及的府谷县，写家们不惜生搬硬套用一些音似义错的字来抵挡，让人看着不免为之惋惜又忍俊不禁。我希望通过这些少量日常用字加以简单阐述，借机引起读者朋友的关注。但愿这种抛砖引玉的努力，能促使大家共同加入保护府谷话的行列，为中华文化的源远流长尽一份绵薄之力。

2020 年 6 月 5 日

说府谷话“可无聊不下了”

近日，有人将一组照片放到网上热传，其画面反映新疆的山羊本事大到出奇，放着平地的草不吃，专拣悬崖绝壁上去舔食石头。府谷话叫：“那羊可无聊了，平地还吃不下，专门尸填上那绝壁挨刀子去（ké）了？”

府谷话中，把那些不走寻常路，专拣险绝奇危地方玩的行为叫“无聊”：“看那无聊了不，跛天涉地上那上做甚了，万一跌下来可怎怎呀！”

府谷人对语言的把控与创造性应用俯拾即是，其精彩程度与妙招迭出让人不由得叹服。比如这“无聊”一词，在世界范围内，讲到“无聊”就是无聊呗，意为无所事事，心境塌陷，再也生不出什么新鲜花样的趣味。可是，府谷话充满创意性，一个词语正着说是交流，反着说是机智，是更生动的交流。最让人意想不到的是，府谷人说话就像要宝一样，他们往往将一些寻常不过、已成习惯的词，拿起放下，反复琢磨，试着拉长捏短把玩，看看能否生出奇效。这“无聊”一词的应用便是精彩的突破。本来，“无聊”已是死水一潭，公认定义铁铸石刻。可是，府谷人非要铤而走险，穿心而过，将一个铁定成品的古件拆散，打破，重新组装，让它冲破旧有的框架，生出全新的意义，好似凤凰涅槃，重新再造一个新的语境。

无聊接下来就是消沉、颓丧和灭寂。可是，府谷人不这么认为。

他们想到，既然无聊得不行，那就找点消灭无聊的刺激事干干。于是，小孩在院子里玩腻了，趁大人不注意跑到房顶探个究竟；大人们天阴下雨去不了地里干活，就聚在一起打个“平伙”吃吃，热闹一番；农业社时去邻村深沟圆峁偷儿颗瓜果吃；等等。府谷人认为，所有这些都是无聊引的祸，是无聊导致的结果。

将一种死局捅破，让它起死回生走向相反面，这是府谷人的思维。体现在语言里就是“无聊不下了”的灵活又别开生面的创造性选择和应用。类似的词语还有“尸填”，意为像埋填的死人，不会动了怎解又跑出去戳怪格了：“你尸填不下了？去（ké）那些地方做甚格了，这回儿把腿弹（dàn）断了，敢歇心了吧？活圪泡！脏又营生多得甚呀事解，这阵去哪弄钱格了？快死个哇！我把你个枪打鬼害疥圪泡。和你大大那讨吃韵调怎那么个活拓下来了！唉，他祖娘娘怎那辈子没做好事，偏就碰上你这么个没风水的货。来！把脚抬起来，叫我给你包给下儿……”

2020年4月25日于渭南山榆居

说府谷话“扑嬲”

有人问：府谷话中“泼挠”“剖弄”怎解？“剖弄”很好解，就是“剖别弄清”的缩写，意思很明确，不用说。至于“泼挠”，正确的写法为“扑嬲”，意思是脚手不失闲，白明黑夜都在为生计忙乱。甲：“你那是怎来了，房也盖起了，儿子也给娶过了，还务不住要扑嬲？”乙：“唉，人这（zái）敢就这么个哇，哪日儿死不下，哪日儿就短不下瞎扑嬲哇。”

“扑嬲”，府谷人说起它的意思来，重在这个“嬲”字。“嬲”字的甲骨文写法就是一个蹴着的猴形，据文字大家王国维称，嬲与夔同为母猴，只不过殷人将长角的叫“夔”。殷商青铜器中有一种纹叫“龙纹”，其中露角露足的那一种被区分为“夔纹”。嬲和夔都是凶猛动物，但是，由于黄帝的曾孙帝喾名字叫“嬲”或“夔”，所以，它们在殷周时期的地位也一再上升，先是指猴，到青铜器里就升格为龙的化身，其形象也变得威猛吓人起来。

府谷话里的“嬲”主要摭取其本义，即猴性十足，坐立不安，上下扑腾。在“嬲”前加一“扑”，把“嬲”之形象刻画到精髓，是画龙点睛之笔。

最后，我也用府谷话祝大家：“路已修好，前程广阔，今后好好儿扑嬲哇！”

2019 年 10 月 26 日于渭南山榆居

说一下“錾扳样儿”

府谷有句方言：“嘿，行，有点錾扳样儿。”意思是无论干啥，显得入行归道，有点专业化的门规。它和人们普通日常的寻长拿短般不讲究形成技术上的差距，纯粹属于别一样的层次。说这娃初入学就写字规矩：“哦，还行，有点錾扳样儿。”说谁家后生刚娶过媳妇，就开始早起勤作，整式家缘，有当家过日子气象：“嗯，不错，起套了，有点錾扳样儿。”总之，府谷这句方言，运用范围极广，只要是入行中规的正道起步，人们的赞许之意都能用它表达。如汤家光棍多，好不容易娶到一个媳妇，没两年，媳妇就生下一个大胖小子。这时，村里有好事者不免要由衷地夸一句：“行，那家人还有点錾扳样儿。”

“錾扳样儿”其实是一句引申语的运用。它最初是那些特殊行业（如木匠、石匠、漆匠等）的师傅带徒弟时，对学徒工的技术等级评价。当学徒工被师傅邀请参与整装工料的加工时，意味着他有点“錾扳样儿”了，能在规矩下独自操作，不致将贵器材料损害。因为，主家邀人做活，材料一般必是精挑细选下的一生辛苦钱的体现，如合（gé）棺材的楠木、乌木、香木，最普通之选的柏木、松木，又如打磨的石头、雕刻的花岗岩等，哪一个师傅敢让“二把刀”去习手？所以，“錾扳样儿”意味着无论錾工或扳工都已拿捏有度，分寸可控，不致一破斧下去，让主家一生背运尽显，背过气不说，还害师傅一世盛名从此绝音，至于倾家荡产赔付就更是丢人败兴，辱没八代子孙也不止。民间所谓“没有金刚钻，别揽瓷器活”，可不是说着玩的。

府谷人在语言的表述方面极具天赋，他们对“錾扳样儿”的引申可谓火候精准，手法妙巧，不仅将一个单方面术语扩展到大众领域，而且能将单调、枯燥的奖掖变为亲切、幽默的鼓励。

2019 年 10 月 20 日于渭南山榆居

府谷话中的“拆”

我中意于府谷话，一是缘于它的发音基本为中古汉语的完整保存，是难得的语言宝库；二是它对汉字的应用，既有准确的表意，也能作更深更广的引申，让用的人表达随心，让听的人易懂不吃力，还能玩味无穷。就比如这“拆”字，在府谷人日常生活中似乎日亲日近，时刻离不开一样。

“拆”，普通话读“chāi”，府谷人读“cé”，这与《康熙字典》“拆，耻格切”读音一致。至于用法，府谷人除了将字典里的裂、开、启、毁诸意尽表外，又生出许多活泼、形象的词语，开拓了语境，丰富了表达。

“拆”，主要意思是毁坏，如“强拆”。出现在大街小巷的猩红黑体“拆”字，算是对现实，更是对“拆”字要义的最深刻写真。不过，府谷人对“拆”字的理解就不是如此生硬，而是突显人情味。比如，生在缺吃少穿年代，每逢过年时分，家家户户的年节准备，一是“拆洗铺盖”，二是“拆洗衣裳”。这里边虽然说到“拆”，但更多的意思是维新，让艰辛的生活在拆洗中褪去，使孩子们增加一点对未来企盼之信念，不至于因贫穷而坠其志。类似的引申还有，在旧基上起新居叫“拆盖”。当然，府谷人把不动基础的房顶维修叫“揭盖”，其与拆旧盖新的“拆盖”在意义上差异很大。

另外，府谷人把因介入别人感情，最终导致离婚的行径叫“拆散"："本来好好儿的一家人，硬让那个鬼给拆散了。"府谷人心目中的鬼就像《一千零一夜》中的魔，具有超级能量，上天入地无所不能。而情感在府谷人认为，就是天地之真，是最具杀伤力的鬼。拆散一个家庭，贫穷不能为，富贵不可为，儿女更不忍为，唯情感能为之。所以，府谷人眼明心亮，凡涉及情感部分均以"鬼"呼之。张娥盼王四，半天等不来个鬼影子，心想："那个鬼又去（ké）鬼混个了。"突然，王四笑嘻嘻地来了，张娥笑语道："你个鬼去哪了，把人害得睡不着！"鬼在府谷人心中表情太过丰富。

"拆"字的应用还有：拆墙、拆房、拆卸、拆东墙补西墙、拆旧盖新、拆庙咒僧、拆零弥整……

我毫不怀疑身处晋陕蒙关隘中心的府谷在语言方面的优越地位，它秉承汉语积淀，又广泛吸纳其他民族语言精华，有开拓，有创新，占尽语言生长之天时地利人和！

2019 年 1 月 29 日于渭南山榆居

府谷话中说“般”字

府谷话中有许多字出现的频率特别高，在应用中表现也十分活跃。就比如这“般”字，从词性讲，它是实词、虚词均充当，名词、动词、形容词的角色皆落实，有时就连客串介词的活，它也能兼顾。总之，给人感觉它就像一个舞台上跑龙套的，什么角色缺少就将它推出场顶替。反正，府谷人说话如果穷于表达时就用“般”字，似乎再难于状物的复杂情况，只要放一个“般”上去，立马事清意明还生动传神。

府谷话中的这种对“般”的灵活应用，其实和“般”字的出身复杂有着极大的关系。“般”在甲骨文中甫一亮相就引来人们对它的部首之争。一部分学者认为“般”字的“舟”部应该是代表盘子的“凡”；另一部分学者坚持认为是“舟”。尤其是以文学浪漫气质解释古字的郭沫若先生，更是将甲骨文“般”的骨画想象成一幅动人的江中泛舟情景，说它就是执橹之人在江中悠闲的全景写真，当船讲没有任何异议；而另一派坚持代表盘子的“凡”能抓住“般”盘桓的特征，认为盘子在陶制成型的过程中，需要不停地转动模坯，所以，不光船能在水中旋转，“凡”也能旋转。不过，进入西周后，“般”字成为通用，彻底将“凡”字从其偏旁中去除，从此，“般”字走过了三千年的春秋，直至用到它的人们谁也想不到其复杂的身世。

在“舟”与“凡”的大战中，虽然代表船的“舟”部占了上风，但是，代表盘子的“凡”部也没有输个精光，它的意思被不折不扣地继承了下来。有关这方面的证明，你只要看一下“盘”的繁体字“盤”及其异体字“槃”即可明白，可见人们对“凡”部的认可是多么的坚定。“槃”“盤”二字分别代表木头做的盘和金属做的盘，说明做盘的材质也是很讲究的。

“般”字不仅将“凡”的“盘”义如实表达，而且在几千年书写应用中，由于将“舟”与“凡”的意义同时兼顾，使得它的含义特别丰富。给人感觉，“般”字的本事可以大到“百般”。

我之所以醉心于府谷话的研究，对于这“般”字普遍应用的关注就是一个发端。而在府谷人的口语中、名字里甚至生活层面，“般”字不仅不缺，还活跃到随时随地可见。

首先，“般”字作为量词、种类的古用在府谷人的口头最为常见。如形容为家合（gé）户的圆满必须是生儿育女，府谷人会说：“这敢是个般数哇，一户人家缺儿少女那像个甚！”在这里，“般”指类别。要想品种齐全，数量就是保障，所以，“般数”将一切都包括干净，听起来还那么可亲可近在理。同样，府谷人还会用到“般配”“配般”，尤其是在婚姻方面，男女不般配那可是一辈子的局呕事。

在表达种别方面，我还特别欣赏“介般介样”，意思是各样齐备，尽多没少。七月十五中元节，府谷人叫“鬼节”，外婆给外甥们准备的“面人人”，有胖娃娃男女，有胖大鱼鱼，也有能玩能耍的“耍的儿”，其中包括猴子、马马、鸟鸟，最简单常见的猴鱼鱼，还弯曲尾巴剪成两叉叉……所有这些大的小的都要被点缀成红绿二色，生龙活虎，否则，那是被人笑话的，断不能几十里地送到亲不过的漂亮格堵堵的外甥们的手上和嘴里。这就叫“介般介样”。

“般”字作为种类的应用最怕被区别对待。如府谷人讲：“一样样亲戚，两般般对待。”人世最难敌的恐怕是人情世故，人世之所以精彩也是因为人情世故，尤其是在亲情之间。越剧中有一出《珍珠塔》是道尽世态炎凉的杰作，最终还是血浓于水，大家和好如初。那里边有一句唱词特写意：千朵桃花一树开，至亲理该好看待。而在现实中，就有那么些嫌贫爱富之宵小，非要在同样的亲戚中分出个贵贱。家穷的侄儿上门，一顿烩菜全有了，连句好听的话也没有，意思是以后尽量少来；城里当官家的侄儿来了，那个张罗显摆，酒肉齐上，还要特别强调大妈在人世就当没儿，只有侄儿才是心肝宝贝。所以，当府谷人抱怨“一样样亲戚，两般般对待”时，其内心是流泪的，当然，连带着的憎恨也是无可比拟。

其次，“般”字由于有“等班齐样”的意思，故而府谷人在口语中，往往将它和美貌、大气相联结，尽量将“般”用在亲昵可爱的自家亲人或心肝宝贝的孩子身上。如表达哪位小孩长得漂亮不说，还可爱可亲到实在无法抒情时，一般会用“般眉俊眼”“般眉杏眼”。“般眉”不用说，就是舒畅清爽的灵敏相。眉好还得好眼相配，所以，这“俊眼”“杏眼”就有得想象，结果无非男娃眼里出刚劲，女孩眼里露妩媚。“般”字因为太过亲情、温润，父母亲在亲儿疼女实在到极点的情况下，会给孩子取名“般嫑”，意思是长得好看，又生动活泼，亲到恨不能像吸蜜一样。当然，名字中的“般”大多是指孩子的头型四正方圆。府谷但凡给孩子取名“般嫑”“般片”，首先与孩子的后脑勺扁平均匀齐楚宽裕有关系。我有一个亲戚小名就叫“三般头”，“三”是他在弟兄们中的排行，“般头”是因为他的头长得确实硕大，而且还四止方正。其实，他作为大户人家子弟，有一个文雅的名字，叫“瑞莱”。只因这“三般头”小名贴切又亲切，故而就叫“三般头”了。

府谷人对“般”字的钟爱又如：谁家小孩出门有规矩懂礼貌，去到亲戚家先上炕，然后稳盘大坐一动不动，稚气的脸上一副严肃憨厚的样子，静待大人们拉话的拉话，做饭的忙碌；这时，无论地下站着的还是炕上闲话的都会异口同声地赞许道：“看这娃娃，圪堵般焉地坐在那阵儿，可是个乖后生，将来一定能有出息。”“圪堵”意味着身板挺直像墙一样，“般焉”意思是和颜悦色，懂礼识体。我小时候偶尔出门几回，也曾竭力学大人的样子，两只瘦腿尽量盘圆，一本正经地坐在亲戚家炕上。

“般”字是古老的，由于府谷人的承继发挥，“般”字又是尊贵的。府谷人用“般”的地方还有很多，如“般补”，“般”在这里是“平”的意思，即“补平”。类似的还有“齐格般般”，主要表状态：“看人家山上家，齐格般般六个大后生。”府谷人现在将“般”大部分写成“搬”，这是错误的。如“照般模样”，它是“般样”的成语化扩展，“般”和“样”在这里是平等对待，不可有任何偏斜。“啊呀，看我们孙子又逞甚般样了。来，叫姥爷看。”意思是他家孙子又学了一样会“拍手手”的新花样，高兴地向人学说三天三夜都不够尽兴。“般样”，府谷话可以推演为“做般弄样”“照般式样”等。

2020 年 12 月 20 日于渭南山榆居

府谷话中“正话反说”的应用与意义

府谷话之所以表意深刻与丰富，是因为它对字与词的灵活应用与改造，如对字的重叠与儿化，成功将单纯的字向词的广度与深处转变，活生生将生硬的字发展成为情感化、准确化的带有词语属性的完整表达。像“款”字，单纯为宽也，“款款”就从容深情得多，“款款儿”就用情毕露，铭刻于心般不可言说。“我款款儿间在她头上掠了一下，她就不宜我了。”“那敢是人家看上你了哇，谁让你胡撩人了。”无形中，诸如此类对单音字的改造叠加加儿化不知为人们口语的表达增添了多少个精辟又精彩的词语句式。

字的加工改造是如此，我最近发现，府谷人在交流中，一些词的正面反用，同样起到十分灵便又中听中肯的作用。如“无聊”一词在多数人口中，顶多就是感到无聊时用一下。但府谷人在真正无聊时不一定用“无聊”表达，可能会用另一种方式来表达：“没作的哇，走，去（ké）寡妇家巷抟（tuǎn）一阵些，要不去光棍三老汉那儿打给阵平伙哇。”而在很多时候，府谷人用一个“无聊”将绝无任何可聊的节外生枝的绝险行为及心理活动，描写得生动活泼，灵巧百意。

“无聊”的用法特殊而效果绝佳，如母亲嫌孩子上房揭瓦，生事戳怪，一般会指责道：“你可无聊不下了，上那崖上做甚格了。那上有你大大了，还是有你妈妈了。哪一天把那根二羊棒腿跌断，看你个嬲牙货再上格呀不了。”真是骂之痛切，爱之深沉。府谷人认为，只有当人无聊不下时才容易戳怪。仅仅因为无事可干，安分守己，不懒不动，那不叫“无聊”。必须跑出圈外，出格出事，才能称得上“无聊”。可见，“无聊”是非无聊下的极端表现。

类似的“正话反说”，我今天重点介绍两个词：出落、出息。这两个词在多数文人学士的理解中，不出意外是一等一的正面意思，再不会有任何节外生枝。“啊呀，我那妞妞长大了，出落成一个大美女了。”“啊呀，小伙子这下出息了，再不用你妈给人家饭店洗碗了。”“啊呀，这小子这一向又活洒不下了，得好好儿修理一下呀。”对待这些意思明确的词，府谷人虽然也取用正面意思，但大部分时间，他们认为“正话反说”“正面反用”效果才得劲、对味。如孩子不听话，不好好学习不说，还成天生事惹灾，老师给家长打电话，那腔调比逮住小偷还难听。孩子爸实在难以忍受，就气不过把孩子狠狠揍一顿。“唉，二要不听话，这日儿他爸压在地下给结实地出落（luò）了一顿。”“出落”本来是个可喜可贺的正面好词，经府谷人将读轻声的“落”念成去声的“落（luò）”，意思就发生了一百八十度的大转弯，变为猛揍了一顿。等于说是生生创造出另一意思相反的新境界，而且，所用字词还既熟悉又便于理解。同样的例子还有：“邻家那个灰货，成天混上些烂小子，一天间往瓜地跑。这日儿可叫我把苟的提溜住，美美地出息了一顿，吓得直喊：大爷，我再也不敢了。你千万不要给我大告给！”

这里“出落”“出息”的应用，意思发生了翻天覆地的变化，这一转变不知将精彩程度提升了多少倍。不过，归根结底总还是没有脱离字义和词义。不管“出落”还是“出息”，最终的目的仍是让孩子或大人能出落或有出息。

府谷话中类似的“正话反说”“正面反用”还有“巴结”。“巴结”本来是下对上的一种奉承、迎合与鄙己尊人。但是，府谷人对那些不守规则、拧眉掉夹捣蛋之辈，以及不听大人话，人说东他偏往西的要命愚顽、少不更事的祸种，往往在教训时会指责：“你倒怎来了，这也不行，那也没味，可倒巴结不下了，你看哪里好就滚吧。”意思是，能将你当人看就当人看，实在巴结不成，就不把你当人看了，你愿意怎么瞎混随便。

总之，府谷人口语中这种对字、词的创造性应用在整个汉语地区实属罕见。无疑，它对我们语言的发展与丰富贡献多多，意义重大，故而研究与发扬府谷话中的精华与经典就成为语言工作者义不容辞的责任和担当。

2021年1月3日渭南山榆居次

府谷话中说“管媒”

府谷由于贴近中原重地，受晋文化影响深远，再加上与游牧地区的鄂尔多斯贴土相连，吸收民族语言的长处更是极其便利。因而，府谷人在口头交流方面很具创意性、丰富性与生动性。其中优势主要表现在用词的宽裕、表达的拓展不受限，往往是一词多义、正话反说、庄词谑用、明褒暗贬，其准确、刺骨充满机智幽默。正如形容某人两面三刀、阴险歹毒，府谷话会说：“嘴是那蜜壳壳，心是那辣钵钵。”

人类自从进入等级社会，价值反映在物事、人事上。具体到婚姻组合，好马配好鞍自然成为男女心愿、人间美景。与此同时，在“千里姻缘一线牵”的催生下，百年好合中的“媒妁之言”就自然而然成为一桩行当应运而生。很长一段时间，婚姻基本呈包办式的“父母之命，媒妁之言”，穿针引线撮合搭桥全靠中间人的努力，用脚用脑用心不说，必须具备能说会道的伶牙俐齿才行。

“管媒说媳妇儿”是府谷人对媒婆行业的概括总结，这里边重点突出一个“说”字。第一，是会说。会说表现在能言善道，不能少嘴没码，一是害怕冷场，二是注意不被对方问题难住。善于察言观色，保证随机应变；拿捏适度，火候精确，争取做到重话不惹人怨，废话只为成全。第二，是避忌。一个标准的媒婆最大长处是不惹人，哪怕事情不成仍不失大门常进。能做到这一点，关键是懂得忌讳，即大户人家的家长里短、户管松严、堂屋大小、婆媳关系及银两运作、主仆私情等，一律不能外泄，更不能成为胁迫赚头。一句话，正如府谷人常说的，二柜上的灶马爷爷，只能说好不能说赖。第三，媒婆长于人的优点是信息量。媒婆的嘴只能快，不能有半点迟缓，慢即意味着饭碗会被抢走。既然是靠嘴巴吃饭，提前采集信息就尤为重要，必须腿勤脚健，眼观六路，耳听八方。谁家闺女多大，几月过生日；谁家男孩在哪儿就职，修养如何……这些当婚待字信息熟记于心，依此才能时常往来于男女户门之间，但有婚动，立马要将“应聘材料”如实呈上。只有这样才不致生意流失，轻易落入他人之手。

府谷人不知从什么时候起，改口称“管媒说媳妇儿”的人为“介绍人”，并且将“管媒”一词挪作他用。比如，张二后生作为一个男人，不是成天守家在地专心于老婆、娃娃的生活日用，而是整日像个没事人一样，东家出西家进，替主家帮腔造势，说长道短，想方设法为主家夫妇解心宽，释忧愁，以此换取有钱掌柜的赏识，顺便得点零角碎银花花、补旧衣裤穿穿；假如主家有个台面场合需要，也能混迹于人前张罗吆喝，借机增加点人气，卖弄卖弄得意。对于这种指嘴靠吆喝吃软饭的人，上海人叫“吃白相”的“瘪三”，我们老家府谷称之为“管媒”。

这种人一般很惹人厌恶，但又不好惹。因为，凡被蔑视为管媒者，他们的眼睛只盯着豪门大户，对饥寒人家很少关注，除非其家藏璧玉或遇有纷争需要说合劈断。当然，寻常百姓也忌讳和管媒说客打交道。千躲万避，人们生怕得罪那张嘴。府谷话中将那种依托权势、奉承吹捧、无事生非、添油和（huò）醋、煽风点火、助红灭黑、欺软怕硬者一律以“管媒货”论之。

“那人可是个管媒货，你少跟他打搅。”这是父母或媳妇对儿女或丈夫的提醒，“最近那地方不知有甚事，你没见村上的几个管媒货这几天聚撮（cuó）在一起，不是喝酒就是打牌。”

2021年1月29日于渭南山榆居

府谷话辑佚（上）

一、关键词语的解读

正传

府谷人说话时，感到对方的表达言之有理，事务安排顺当，一般会赞许地说："这敢是正传哇。"意思是，终于做对了一回。

此"正传"一词，正儿八经取自先秦经典，以及《史记》中为贤者彰目的正传，有别于列传、歪传，或传奇、猎奇等。更不同于鲁迅先生之《阿Q正传》，此"正传"是其幽默诙谐之作。

府谷话处处蕴含着中华文韵，用姬宝顺先生的话讲，府谷人的表达，原来尽是些文言。

群

府谷话里有一句："他苟的正跑呀，围上些人来，把他给群（qiòng）住了。"意思是干了坏事，让人发现后被围起来，想跑也跑不了了。

对于这个"群"字如何写，多少年来，一直困扰着我和周边的府谷人。最近，读一本明小说，讲一个仆人，为主人经营生意。一天，主人突然去世了，他趁乱收拾了金银细软，一大早溜出主家偏门，跑了。在等城门开启时，正遇巡捕路过。捕头发现这人面熟，又见其行色慌张，肩上包裹殷实，就上前盘问。三下五除二，仆人见行迹败露，想跑。这时，四下里的人围上来，纷纷谴责其不轨行为，他一下被“群”在里边。

“群”，在府谷人的口头是再平常不过的日常表达。由此可见，所谓府谷方言，其实是关汉卿、罗贯中等古代文学大家的书面用语的延续而已。

揭墓

府谷话中有一个词叫“揭墓”，意思是揭露、揭发。当然更多的是指：张三的爷爷瘗埋的金银元宝，让李四他爸给暗着挖走了，也就是说肥了李四他爸。由于双方都是暗中操作，到底真假如何，旁人只是猜测。有时这种猜测会代代延续，引发更多的人上山越涧去“揭墓”。

“揭墓”源于墓。中国文化中有“事死如事生”的理念，所以，几千年的丧葬制度一直是在定身份、竞财富中进行，上至皇家，下到富室，他们在营生的同时，也在营死。生前多贵，死后也必然金银满棺椁。由此也孕育出了一种特殊行当“揭墓”，即盗墓者。

“揭墓”由于发生在夜幕之中，不为大众所知，故而充满神秘和阴森的色彩。但是，它却常常为稗官、文人所注意，时时出现在稗史、传奇和笔记小说中，正如当代阅读量惊人的小说《盗墓笔记》。另一本引起社会关注的纪实文学《南渡北归》的作者岳南先生，起家即以一部考古著作《万世法门》闻名，其《南渡北归》的归旨，实质上也属“揭墓”一类。可见，“揭墓”类文学已由原先单纯的表事上升为一种题材类别，而且大有蒸蒸日上的趋势。

府谷话中的“揭墓”既是实指，更多又是引申：揭露、揭发、发外财等。

毑家

府谷人做事计，坐席安桌子，首先得让舅家人正席入座，然后依序而行令。作为事务总领，让娘舅家大小亲戚有心结，落下说辞，那可是件丢人的事。说小，要给娘家人跪礼，赔情道歉；说大，娘家人中出头打阵的就要翻桌子扣碗，脸红难看，让主家间出丑亮相，成为几辈人的难堪。这中间常出现在总领口中的一个关键词，即“老毑家”，将舅家来的客人统以“毑家”称呼。

毑，亦姐，亦母。《广雅・释亲》：“毑，母也。”《集韵・马韵》：“姐，《说文》：‘蜀谓母曰姐。’淮南谓之社。古作毑。”古时羌人把母叫“姐”，《正字通・毋部》：“毑，羌人呼母。”意思是母亲那一系。所以，娘家人自然就称“毑家”。

弥长间

府谷上一辈人，也即生于二十世纪二三十年代以前的长辈，说到过去的物事，口头常挂一个词“弥长间”：“弥长间如何”“弥长间什么都要论个理”“弥长间这东西应该摆放在这里才对”“弥长间这件事就不可能发生，一切变得都没样儿了”。

打从听长辈说这个词开始，我就琢磨，这个“弥长间”的意思能懂，但是，“弥长”该如何写？苦思冥想几十年之后，在了解了汉字的构造及演变承继的顽强性之后，我才顿悟“弥长间”的古老与文雅。“弥长间”就是“历久弥长”，表“过去”之意，用当时的习惯说法即“旧社会”。

“弥”是“彌”的异体字。清朱骏声《说文通训定声・履部》：“彌，弛弓也。字亦作弥。”本义是放松弓弦。又有长久义，《小尔雅・广诂》：“弥，久也。”《蔡姞簋》：“弥厥生灵终。”（长寿善终）“墙盘”“齐镈”均有“弥生”，意为长生、长寿。

“弥长间”表达对过去生活的一种留恋，无论是情感还是语言都是温馨可意的文雅与礼乐。可惜的是，存在于府谷话中的大量内涵十足又古韵悠长的日用口语，正以惊人的速度在默然地隐身急退，消失于未来的语言图画中。

二、成熟句子抄录

搯（qiā）孙子抱外甥可活成了。

吃的可如（ruō）法了。

把麦子踳（chuǎn）给下，那人这几年踳拉坏了。

劈了一刀子。

填缓上两个。

太半不行了。

姑舅来了，猪肉抬了。

趸下乱子了。

这人可划刷了。

想盘六道寻那说上的。

不豆儿捏儿捏儿。

说得挹挹把把，怎解又翻把了。

迷窍得伤首了。

正然也不值搂。

吃生米的遇上唵生谷子的了。

辄那么不要脸，是怎来了？

抟（luán）那瞎营生做甚了！

拥簇在一搭搭。

夹裹住些哇。

那苟的恼了。

捆旗旗的。

睡魇（yǎ）住了。

（猫）吣了一地。

臿（chuǎ）过皮。

钻头觅旮旯。

烂的还是活伦（整）着了？

急说搅白说。

般兴兴地间。

脚踢手拨拉（拨拉：划切）。

翻麻杀割倒（割倒：蒿切）。

猛不防预估。

立侍侍地解站在那划儿划儿。

多管是得罪了。

将近儿间赶上（将赶上）。

吃在人前，落在人后。

浑身培成个土圪蛋。

呼（fū）一口把灯吹熄了。

你们各儿分掰开吃格哇。

闻早走赶凉些。

问下媳妇儿了没？

可倒是个把家家（把搂）。

眼里打进个坌（bèn）。

两个骨碌成一块。

怎得知道这等切（可好好）。

不行你也上格等当给下儿。

蹽了多远，半天才追上。

一个模子铸（dào）下来的。

善得连鼻子也捏不起来。

明展大亮吃不倒。

辄把苟的呋了一顿。

缕缕连挂稀巴巴烂。

行（háng）说的话儿，就不承认了。

可会谯（qiǎo）那便宜话了。

噍（jiāo）你大那舌链根。

尸填给一阵阵。

说给鬼看信了不！

又鬼嚼甚了。

又在一搭搭鬼格挎了。

那阵儿有水潢了，小心泥点子溅在身上。

这日儿这天晦兀兀地见。

过罢年后得寻个拔变呀（变个样样），就这么个（样子）可不能了。

活不成了，得想个办法，寻个盛（chēng）处呀（倒个地方）。

寻了无常了。

踏倒根鞋趿（tá）拉上走。

你喋舌甚了？

局呕甚了？

把嘴挟紧。

黀你大那经哇（散德）。

那人活得可嚣闲了。

看一下火炽了没。

往下咽气了？

个儿衿幽（侑）格哇。

那小子是衿幽的。

可蒇（chàn）了。

把那地方栅（zà）起来。

一母子都上。

想要了不？不想要掼下。

葫芦得甚也想不起来了。

头趄转，一点也不听人说。

一夜没扎一眼。

噌噌间，人家在外头等着了。

事也麻林也是。

生各杋杋夫妇两分离。

你或拘往哪告，随便。

折倒得人瘦了一圈。

则管里吖吖地哭。

一赌儿气走将来。

人家的事，你瞎插和甚了！

一样亲亲，两般般对待。

你待该还没睡醒吧？

那两个在一搭不知道合（gé）股不合股。

要上没完了，有了无当。

前后押佑着，前边的不要太快，后边的不要太慢。

夜来黑夜没睡好，彻盘了一黑夜肠。

那人就爱得饷银。

吃不了么，尽顾往下做了。

临临罢罢没落下一点好，这抟了一回甚！

油脂抹脸正吃着了。

各儿一个盛（shēng）下，不孤哨？

走在这（zái）圪蛋上正凉哨的。

受得段儿段儿苦。

直害怕把各儿误下了。

惟寡误不下那口吃。

这（zǎi）还能了，当下儿抟不成了哇？

怎能知道得那么等切（具体）来了？

蹽的太远，等一下后边的人。

平不答的，甚也没说甚，就这么个算了？

笑得格地地的间。

府谷话辑佚（下）

一、词

熬炼　安顿　安拓　拔拉　拔拦（绊切）　屉尿　擘（bǒ）撩

帮补　板筋　壁虱　般数　逼考　箅子　编谖　编画　编俳

摆弄　鞭打　卜篮　醋心　插系　茬系　辞谢　搓磨　差池

吃紧　抽扯　抽掣　抽架　搐了　黜发　黜落（luò）　黜灭

槎次　槎桠　槎牙　搋糕　膪货　插和　插搅　杈闹　躔次

础硬　策倒　策落（lào）　搓捏　趄（chè）转　拆（cé）卸

拆解　颛断　趑等　趑扭　蒇（chàn）活　栈（càn）子　栈羊

承谢　操磨　豇嚼　豇蘸　等度　等睹　等切　度（duó）量

端挑　打堶（tuō）　倒嚼　喋舌　敦筛　叼打　顶当

待历（惯常）　待该　倒腾　捣腾　点动　读念　丢搭　放怕

放话　放亮　放青　放行　附和　涎（hǎn）水　换转　活利

合候　厚承　憨实　好歹　行当　行武　灰货　害病　惯熟

裹扎　格跋　格搐　格噌　格溜　格握　格夹　格抿　格搅

格托　鬼捣　盖寡　寡淡　圪钉　圪絮　圪渣　圪饦　圪蛋

圪槛（杆切）　咯嘀　咯叨　管够　恪慎　搁晃　搁托　搁抟（tuǎn）

硌硬　概共　合（gé）股　搛饭　角（juě）扯　急唣　讥啖

颊裹　谨记　谨防　谨严　诘短　举念　倦怠　间隔　及早

接应　将榜　将就　劫害　急须　尽够　尽顾　集场（cháng）

砢碜　砢砕　科考　扛白　拐孤（堵切）　阔略　圐圙

括累（碎切）　捩筋　懒筋　嘹喉（欺切）　凌迟（ché）　量盘

撩乱　愣嚇　量彻　唠嗑　力扑　拦兴　抹捋　毪毵

面饽（páng）　描画　弥缉（qì）　卖弄　卖俳　能妍　嬲牙

年馑　奴奴　僻静　拚命　盘肠　盘量　盘货　盘炭　盘算

破（pó）命　泼茶　爬挣　爬握　剖别　俳侃　俳怼　铺衬

铺陈（shéng）　怕见　情管　齐楚　起身　倾家　勤慎　勤健

黢黑　趄能　缉弥　趫架　呛风　日嘬　日殃　日鬼　日怪

日灵　日捣　日映　日能　拾翻　杀割　拴整　拾掇　殊是

绱鞋　舒徐　倏忽　说籍　说辞　绍（shào）色　怂势

势翻　算计　靸（sá）拉　尸首　耍弄　耍权　湍（tuán）水

倘忽　剔剥　托且　通连　掏腾　趿（tá）拉　温暾（tuó）

学（xié）談　写戏　雪白（bián）　息心　掀腾　些须　削曾

虚述　削刻　兴晃　嚣薄　悉数　悉利　悉明　讻考　炫煌　相续

续上　续继　相中　相跟　相须　袭人　饷银　引务　咽气

眇抹　应字　咬嘛　熨贴　异奇　央告　央及　因由　迎面

硬挣　嗔恼　戳怪　嗻嗻　笊篱　坐罪　折腾　折澄　折罗

直骨　整设　直正　扎牙　扎账　正传　装穿　振布　颛精

二、词组

筑住了（吃饭吃得多了）

落（lào）窝鸡（不下蛋）

淡求是（无所谓）

没辙儿（不守规矩）

馇猪食（煮猪食）

没槎次（永远没个够数）

一刬（cán）新（新挣新挣）

尽够了（管够吃穿用）

需劲儿（顺便）

将见儿（刚才）

耐插措（久用不坏）

板豁塌（方正圆的变成个偏的，不成样子）

扳不动（力小哼也哼不动）

起身哇（能走了）

缉（qì）缝缝（将边、角片布缭补在一块儿）

趸下了（无法出手的货物，引申为做下没的了）

甑箅子（蒸煮用的箅子）

倒塌鬼（没出息货）

没着落（没个安顿处）

群住了（跑不了了）

打嗒嘴（没事闲聊）

劈打懵（谁也没想到）

搐住了（没办法伸展）

解（jié）发走（不想再见到）

鬼抽（cǒu）子（防不住，坏主意太多）

毛鬼神（性格古怪难打搅）

实筑了（甚话也递不进去）

鬼抽筋（一会儿一个样）

糊脑子（遇事不精明）

可擅了（闹对了）

捉鳖了（把人当傻瓜哄）

且不行（由不得）

蹇下了（怼怨，恼了）

楷式乎（泰式故，八九不离十）

合（gé）挤住（将眼闭上）

害户种（家门不幸，惯出忤逆子孙）

顶门棍（旧社会指只生女不生男的媳妇）

臿（chuǎ）过皮（皮被破掉）

或拘管（随便）

设不住（立不住）

紧把些（谨慎点）

自根儿（一自营儿）

自个儿（和别人没关系）

一满利（总共）

逴（chuá）打猛（猛然间）

二毛子（兴起于民国时的一种发型，不梳辫子的剪发头）

悉般灰（人气不行）

寡无量（独一个）

苦呤叮（苦结实）

瓷瘤瘤（圆而结实）

先尽他（由他挑，想怎解就怎解）

温（wọ́）噋（tuó）噋（不热不冷）

栈（càn）羊肉（非放养而是栈养）

生各札（生硬）

海来深（很深）

天来大（很大）

怕待学（懒得学）

不济事（不顶事）

秃刷转（萎缩貌）

灰戛耍（调皮猴）

行弥缉（qì）（挑事）

唱冒凉（不着调）

鼎死咸（hān）（盐太多）

挺凉哨（凉爽）

三、儿化词

1. 单字

前儿　后儿　明儿　钱儿　孩儿　那儿　殿儿　寺儿

会儿　空儿　味儿　份儿　气儿　样儿　页儿　钵儿

个儿　犁儿　葱儿　画儿　婆儿　炮儿　猫儿　雀儿

雁儿　曲儿　裤儿　袄儿　丝儿　索儿　模儿　刺儿

忽儿　骰儿　件儿　镜儿　老儿　秃儿　粉儿　班儿

艺儿　滚儿　头儿　墩儿　蜂儿　花儿　片儿　门儿

数儿　劲儿　官儿　魂儿　灵儿　蛋儿　名儿　牌儿

尖儿　眼儿　洞儿

2. 单字重叠

满满儿　好好儿　乖乖儿　款款儿　轻轻儿

薄薄儿　甜甜儿　早早儿　迟迟儿　绿绿儿

黄黄儿　蓝蓝儿　黑黑儿　白白儿　红红儿

油油儿　香香儿　真真儿　正正儿　方方儿

新新儿　烂烂儿　面面儿　脆脆儿　胖胖儿

瘦瘦儿　猴猴儿　厚厚儿　大大儿　暖暖儿

冰冰儿　冷冷儿　扎扎儿　绵绵儿　绒绒儿

凉凉儿　滚滚儿　净净儿　花花儿　板板儿

快快儿　慢慢儿　梢梢儿　粗粗儿　细细儿

停停儿　悄悄儿　静静儿　活活儿　忙忙儿

闲闲儿　酸酸儿　辣辣儿　欢欢儿　利利儿

涩涩儿　明明儿　嫩嫩儿　老老儿　水水儿

干干儿　湿湿儿　尽尽儿　光光儿　松松儿

文文儿　冲冲儿　扑扑儿　彻彻儿　多多儿

少少儿　长长儿　短短儿　碎碎儿　整整儿

硬硬儿　苦苦儿　噌噌儿　软软儿　稀稀儿

稠稠儿　秃秃儿　阳阳儿　高高儿　紧紧儿

怂怂儿　低低儿　清清儿　宽宽儿　亮亮儿

痛痛儿　狠狠儿　烫烫儿　滑滑儿　暗暗儿

糖糖儿　粉粉儿　猛猛儿　厉厉儿　沙沙儿

端端儿　空空儿　板板儿　憋憋儿　饱饱儿

偏偏儿　扁扁儿　牢牢儿　紧紧儿　能能儿

毛毛儿　嬲嬲儿　憨憨儿　深深儿　磨磨儿

浅浅儿　敞敞儿　阴阴儿　热热儿　平平儿

糊糊儿　服服儿　灰灰儿　足足儿　虚虚儿

实实儿　顺顺儿　立立儿　直直儿　肉肉儿

淡淡儿　浓浓儿　酽酽儿　咸咸儿　残残儿

匀匀儿　流流儿　惯惯儿　熟熟儿　生生儿

威威儿　善善儿　恶恶儿　腻腻儿　歪歪儿

瓷瓷儿

3. 词语

老婆儿　光棍儿　媳妇儿　老伴儿　脸蛋儿

老虎儿　干活儿　挣钱儿　赶明儿　将见儿

饹饦儿　碗饦儿　秃扫儿　炒籽儿　没影儿

没辙儿　没样儿　没方儿　要活儿　要的儿

哇呜儿　冒气儿　冰棍儿　多会儿　扎藜儿

拐棍儿　放炮儿　摊糊儿　没门儿　上班儿

下班儿　换班儿　算数儿　胡玩儿　唱曲儿

没辙儿　玩意儿　毛猴儿　打眼儿　屁眼儿

奶嘴儿　面片儿　当官儿　天瞭儿　卯眼儿

扎牙儿　强劲儿　魂灵儿　打调儿　胡燕儿

瓦额儿　打滚儿　喉咽儿　扑卡儿　当下儿

四、成语（四字词语）

安卯对缝　巴结不下　般眉楚眼　般眉杏眼

跋天涉地　趴叉格撂（格撂：翘切）不忍抛撇

不平则削　不知究里　不言咯喘　不精半明

不须宜顾　不识宜好　不因不由　不减不就

不值烂糙　卜羁卜拦　变眉失眼　饱心压肚

冰钵瓦凉　冰人革瓦　劈断案子　扑拎挤拐

边头堰畔　半搭小子（一搭八尺）　半跄失步

半飞二跳　鞭匙漾碗　病死乞活　撑死憋活

眦眉瞪眼　超眉架眼　扯眉溜眼　扯眉倒眼

扯勾八叉　吃天漾胯　拙龙拙虎　潮三惑四

欻啦一声　捶给一顿　黜发灰货　濯洗给顿

龇牙咧嘴　粗蹄笨胯　赤脚打片　赤᠃搭胯

瞅眉豌眼　搐眉罩眼　戳天漾地　处红灭黑

痴茶不疼（不疼：愣切）　仓皇失道

倘（cháng）或时间　嗟声叹气　出丑显怪

叉叉哇哇　叼红抢黑　怠搭不理　捣鬼失切

怼怼搭搭　刁牙插嘴　搭擞不下　到处遭魔

单麻瘦捻　跌到马爬　跌倒爬起　跌将倒来

躲艰避难　大况末节　堆山砌棱　蹾蹄漾脚

得溜搭挂　顶牙撩嘴　顶磨续末　倒根断沿

倒塌流堰　冬长夏野　打个颠倒

打个迪了（迪了：调切）　打家劫舍　打门袭窗

丢人败代　颠三倒四　颠头忽绍（忽绍：翘切）

跌倒骨碌（lǔn）（骨碌：滚切）　定半懵间

待理不理　二流搭胯　二磨坡坡　恶水残渍

恶心污烂　儿哇失哭　番魔野道　疯魔野道

锋款精密　蜂屯蚁聚　扶起卧倒　翻麻格倒

飞天落地　干稠硬瓦　圪顶瘤蛋　圪堵般眼

圪堆戴帽　格溜（格溜：扭切）二弯

格捣格碓　格搐残次　格搐老财　格怂连天

格顶碌（liù）蛋　格顶碌把　寡汤淡水　鬼话连篇

鬼惑乱面　鬼三趔四　鬼七趔八　骨软筋麻

拐弯抹角　棍钎格栏（格栏：杆切）搁兴打晃

感承多谢　赶天连地　合（gé）股经营　孤留哨单

黑眉熏眼　黑遢五窍　灰遢二火　豁牙露齿

豁零烫乱　昏三惑四　昏三葫芦　昏头打脑

祸事蘇子　滑天擦地　横躺竖卧　囫囵半片

胡倡八九　胡吹冒搭　狐溜涮精　胡说白道

红眉烫眼　花里胡哨（sào）　花眉俏眼　浑马卜溜

葫芦二三　葫芦马爬　猴卜溜溜　猴抖格擞

憨眉楚眼　忽掠儿鬼　怀冤挟仇　哈七八九

混淘失切　呋天骂地　解冤释结　夹洒流溢

将养度日　将儿赶上　经官见府　就惊受怕

讲经说偈　举念生怨　夹（甲）马流星

夹屁带尿　急慌当忙　急打慌忙　急起直追

精捷伶俐　超神格伞　紧牢把抓　紧接紧待

脚抓手搲　挤匝不开　井井有条　鸡叫三灿

藉端生事　绝长继短　颊裹藏食　劫时格捞

局气马爬　间般间样　介般介样　结树盘根

拘挛补衲　瞌睡丢懂　阔略（阔略：圆切）套系

口吐顽涎　坎七墚八　砍七扔（lén）八　空手拉脚

可时三分　窟窿眼窍　磕牙斗嘴　搂柴搭伙

冷陶湿瓦　烂模失样　烂盆失（折）盏　烂饰烂扮

烂式烂般　老雀巴子　临临罢罢　灵汤利骨

零敲碎打　零打碎敲　零搭合（gé）凑

零七碎八　零汤碎骨　伶牙俐齿　聋眉绍眼

聋眉少势　力扑三阵　雷声更震　另砌炉灶

另生别骨　连明昼夜　连明彻夜　愣眉怔眼

乱抢杀道　乱腔失道　乱马失营　路断人稀

牢捉把稳　冷凉八淡　量多出少　立枪竖马

两头和番　没防预估　没方儿疗治　没明没夜

媚态翩翩　名消利息　猫儿翻天　迷打葫芦

命不跟心　冒头失脚　明明儿间　明展大亮

茅花莠子　麻烦格捣　明铺暗盖　袂飘带飞

麻眉挣眼　冒礼失章　忙慌失乱　拿七等八

恼眉刮眼　能牙格伞　能牙格齿　能三歌四

扭腰捩胯　牛回磨转　铺眉苫眼　朋柴搭伙

剖别明白　平了则舍　碰头失膝　碰头膝磕

颇麻半烦　颇麻乱烦　扑食野鬼　扑炉搅灶

拍马相迎　爬坡上坬　皮米顽屑　青姿媚质

起疥圪泡　祈神咯祷　戚声二气　气断咽喉

气局马爬　七长八短　曲心矫肠　球眉悻眼

前安后顿　全满管带　趄头趄脑　趄头晃脑

穷酸饿醋　清坛利净　清浑皂白　齐格峥峥

敲明亮响　抢天连栈　情理相待

软肌八拓（八拓：滑切）　绕梁抹地　人面兽心

人眉六眼　手麻眼暗　手忙脚乱　手痴脚慢

死烟完气　死肠烂肚　死蔫完气　死秧割蔓

死央祈祷　死坚顽咸　甚不便（bián）宜　是长是圆

少本没事　少心没思　少精没神　酸眉醋眼

怂眉少势　松尸邋骸　事亦麻林　瘦丝蚂蚱

瘦麻圪榄（圪榄：杆切）　嘶声咯哇　嘶声嗬哇

涩鳞疙疤　失惊打怪　四散五蜎（yuán）　上墙搭瓦

说叽拉话　十拿（捉）九稳　舒眉展眼　失眉勒笑

舌咸（hán）钵蘸　耍大玩小　耍七弄八　耍把卖艺

水淋刮打　水肌汗脸　水泄不通　山场野会

跳天涉（失）地　跳天缩地　通惯熟人　通前彻后

桃舒柳放　铁板生硬　汤流乌气　秃舌嘀唊

颠打二晃　凸眉竖眼　托度元年　铁嘴镶银

躺肩卧后　头跑脚蹭　舞玩翻天　无远弗届

无远没近　喝叽咯喃　五麻六道　为冤记仇

弯腰霸胯　小家失教　悬绪自接　悬殊不大

心甘情愿　心下鹘突　行李箫疏　行思坐想

兴头晃脑　修竹长林　血糊溅抿　辛汤辣水

寻长拿短　寻常便下　旋走旋看　相跟不上

香油辣水　稀零巴拉　洋眉雾眼　有了无断

有这日儿没明儿　舀油拓水　异口同音　鸦飞鹊乱

哑鸣静悄　阴麻雾罩　阴麻圪拓　因耍带笑

漾手搭脚　一擘两瓣　一世无缘　一自业儿

一鼓作气　一鼓连镲　一泡黄尘　扬风搅雪

扬名打鼓　眼白流顾　延高上抵　腰背不立

意且不过　意且不行　夜不归宿　硬碰实錾

崖塌水推　油腔滑调　嘴大舌张　嘴尖毛长

知根答底　支塄架舞（西域杂技）　支塄磴架

呲拳扭首　扎把舞式　扎手舞脚　装神弄鬼

捉摸不定　抓拿不定　张八二五　眨眼惑视

眨眉溜眼　挣眉六眼

阅读与写作（代后记）

——再论府谷文化的影响与内涵

将文化接入阅读与写作之中，是我一贯的认知和态度。我认为文学作品的成就高低主要取决于文章中所含文化成分的比重，如果读完一篇文章，人们耗费了大量的时间、精力，结果思想上没有受到任何启发，内心没有被触动，那么读这样的作品就是浪费生命。不仅如此，这样的浅显无聊之作读多了，会影响你对人生世事的看法，进而误导你的价值体系、你的阅读观、你对写作的追求和审美意识。到头来才发现自己是在一条误人误己的道路上勤奋，距离真正文学取向是背道而驰。大家必须认清，文学、文章，最终决定其成败的因素，是其中所含文化比例的多少。因为，促成人类进步的重要因素之一即思想的可贵，而文化是一切思想发生、发展的必备基础。同时，文化也是考量所有文学艺术的杠杆。人们对艺术作品的所谓品味、欣赏、批评，其审美支柱的那个基本支点是什么？就是文化。文化可以说是人类近万年艺术创造、艺术欣赏的积淀与历史，文学艺术没有文化成分，等于是长着驴马形象的骡子，永远难卖个尊贵的驴马价钱。鲁迅的文章为什么读起来够味、过瘾，有让人立即行动的鞭策力？就是因为他的文章满含历史的渗透、文化精神的全力浇注，促使你想平庸而不得，想消极而面赧，想投机而心怯，想虚伪而羞愧。有文化的文章永远是你自信自尊的保障，只有文化才会使你气质优先，容光焕发，你的文章自然也会脱颖而出，招摇四放，熠熠生辉。

我之所以将府谷文化加入“阅读与写作”的主题中来，其实是同样的道理，重在强调作为一个府谷读者或写家，了解府谷文化绝非可有可无之事，而是基本功的训练和养成。下面我们进入正题，即对府谷文化的认识。要想完成府谷文化这样一个学理问题，必须首先解决府谷文化的概念、定位及其范围意义的涵盖边界，使其变得清晰、饱满起来。事实上，府谷人长期以来，对府谷自身有无文化或府谷文化到底应该是个怎样的表述，普遍存在着认识模糊，说得不是很清楚，大多数时间跟着别人瞎起哄，根本不把府谷当有文化的地方对待。那么，府谷到底有无文化，或其文化形态是个怎样的力度纵深？我的回答是，不仅有，而且还深远广大得不行。其影响不仅举国瞩目，而且还让人激动万分，令府谷人骄傲，令中国人骄傲，甚至连外国人也对府谷十分关注。

何为文化？文化就是人类生成、发展、创造的记录仪，也即只有人类具备而动物皆无的脱离动物属性的标志。也就是说，文化是唯人类活动的象征，它具有延续性、传承性、再生性和不可逆转性。故而，历史是文化积淀的延伸，但是，文化就很难做到历史的准确表达。说明文化是一个十分广泛而且涵盖面广阔到包罗万象的概念，它包括文明这样的历史定性，也包括历史这样的人类进程。文化既是古老的，也是现代的；既是历史的，也是精神层面的、思想的。历史需要反思，但是历史记录不需要思想；文明是生产力促成下的人类政治、社会、文化、军事与思想的高度集中体现，出现文明的地方是文化发达的结果。所以说，文化是所有社会形态的基础，没有文化高度发达、文化高度集中，断没有文明的产生。一个社会形态的形成，即文明的诞生，一定是文化积累下的先进生产力推动的结果。一句话，人类命运如何、世界进步的刻度取决于文化的强弱指数。一个国家的文化强盛体现着本民族的进步发展意志。

文化充满着温暖妩媚的魅力，脱离了动物般的兽性，力显知识的底蕴，文质彬彬。文化如春日里的鲜花，看似无力，可是能唤醒大地的创造力，让人想象美好，时刻与太阳、月亮比肩，不忘人之本真。

府谷是文化大家族的福地。中共中央多次号召保护传承弘扬黄河文化、长城文化，这有利于提振中华民族的自信心，而黄河文化、长城文化在府谷境内都存在。黄河、长城在家乡土地的交臂相穿纵横，共同铸成府谷文化的独特风景线。黄河文化使得府谷一举成为孕育中华文明的厚土，贯穿深远，历史渊源十分悠久；长城文化更是将府谷历史划入中国正史的版刻，并且使得世代府谷人形象硬朗，豁达开放，精捷伶俐，虚怀若谷，极具文化包容性。

第一，黄河文化的核心意义在于，黄河是中华民族生长发育的摇篮，是中华文明的发祥地。黄河府谷段同样在中华文化、中华文明中扮演着十分重要的角色。据《府谷文库：文物·古迹·景观》统计：“（府谷）境内现已发现古村落遗址96处，主要为仰韶、龙山文化遗址，其中有新石器时代遗址50处，商周时期遗址3处，秦汉遗址12处，唐宋遗址21处，明清遗址9处，时代不详遗址1处，大部分都分布在黄河、孤山川、黄甫川、清水川、石马川、新城川、沙梁川等流域的高地上。”这些史前遗址分布在我们家乡的房前屋后，无疑对世代生长于其中的府谷人的民族自信、文化自信养成有着深刻意义。一个地方有无文化根基，决定着那个地方人民的志向是否高远，气质是否领先，格局是否宏博，形象是否展拓。府谷得风气之先，自然是人杰地灵，历代文臣武将成就斐然。

府谷黄河文化最具震撼性的发现是最近十几年考古发掘的两大遗址，即石峁遗址和寨山遗址。这两座存在于四千三百年前的城池，生生将中华文明的史迹科考向前推进了一千多年。至于其对中国历史的影响，正如我在《石峁遗址初探》和《府谷寨山遗址畅想》中所写，府谷地区的历史足够五千年。尤其是府谷寨山遗址中高等级贵族墓葬及石峁遗址中石刻象形文字的发现，直接追问：中原社会形态、军事、礼乐制度、甲骨文象形意识的根源来自哪里？是如何产生？一系列重大问题迫切地摆在面前。所以我说，随着发掘的深入，直至寨山、石峁的迷雾彻底拨开，中国历史可能会重写。另外，府谷寨山遗址比石峁遗址的年代早出不知多少年，依照祖茔预示发迹之吉祥福地的惯例，说明整个石峁帝国成形在黄河边的府谷地界。寨山遗址的考古价值更为显著，对于认识中华民族生成由来的意义更加巨大。

再联系到黄甫川与清水川上游流域之间的内蒙古朱开沟遗址，府谷黄河流域的广大地区，其文化灿烂程度简直是光耀洪荒，开天辟地。朱开沟遗址位于伊金霍洛旗靠近府谷的纳林陶亥镇，距今四千二百年。它与寨山、石峁处同一时期，那里出土的陶鬲在府谷赵五家湾一带到处都是。那里出土的青铜剑、戈等物件是对出土青铜范的石峁时代的青铜器的补充。

第二，长城文化现在已是提振中华民族自信心的支柱。府谷境内的长城有宋代的堡寨、墩台、粮道，主要是明朝的建筑设置，包括墙体、墩台、城堡、官道、驿站等军事设施面面俱到，样样齐全。关键是围绕长城展开的一系列国家级操作，如屯垦制，以及举家迁移而长期培育形成的信约纪律、共存互信、包容开放、与人为善、蒙汉交易、语言混杂、风俗平等诸文化影响，使得府谷人身处偏僻而不闭塞，远离都邑而懂礼乐；书香武德齐备，乡村镇集规矩；男女各对，老少矜持，显然是文理发达之地。正如我在去年县委县政府举办的“长城保护”高峰论坛的发言中所总结：长城的修建对府谷人的精神气质、文化素养、性格特征及风俗、语言、饮食等文化的形成起到了决定性的作用。

第三，府谷文化中，除了黄河、长城扮演着主要角色外，还有一种文化也很重要，就是我们的府谷话，即方言。人类语言，包括方言，是各民族文化直接用于交流的载体，与“一方水土养一方人”一样。“水土”是个甚？“水土”就是文化。府谷方言继承了中华文明的“正声”——以山西为中心的晋语，同时又处在游牧与农耕的交叉地带。所以，府谷话充满创意，词汇丰富，表达生动。用于作文，我认为中国语言中再没有如府谷方言那样贴切、充分、合情的了。一是府谷方言端直来自先秦典籍、汉唐诗文、宋词元曲、明清小说的积累承继，所以，府谷话无论说白、作文均显明白晓悟，关键是儒雅典秀，高端气派。二是因地理位置的关系，晋陕蒙一体，故而府谷话中的文化成分特显丰富多样，十分有利于交流与文章的传播。（府谷文化不属于陕北文化范畴。）三是府谷话尤其热衷于表达中的创意十足，府谷人对言语贫乏单调十分瞧不起，更多的是对无才之人必然导致语言的滞涩迟缓的不耐烦。府谷文化因府谷方言的精彩生动而更显活力四射，魅力无穷。

我对府谷文化情有独钟。所以，在我出版的两本书的书名中，自然会写到黄河与长城。我的第一本书名为《山榆笔记》，副标题为“长城内外是我家”。这本书名为《黄河脚下流》，副标题为“府谷人文地理与方言初探”。其实，在两部作品中，府谷方言研究的内容占据着很大的篇幅。总之，黄河、长城、方言是我钻研府谷文化的三大支撑，舍此，所谓府谷文化的写作瞬息变作无本之木、无源之水，一切显得毫无意义。

以上是我半个世纪以来对府谷文化的粗浅认知与思考。现在回到正题“阅读与写作”，我想大家应该将基本要义领悟得八九不离十了。因为，所谓“阅读”，在我看来，无非是读书和阅历的综合，即古人所讲“读万卷书，行万里路”。想想孔子、孟子，若不是饱读之后，常年不停游走在众多小国之间，经见各色人物和难遇之事，所谓“见多识广”，他俩哪来的敏捷思维，识物洞见慧心妙舌般答辩犀利，高举轻放之活泼幽默著作散文？史圣司马迁若不是因太史公身份或随皇驾游，或自身独游，哪里会有《史记》的文体变化、发幽探微、格物本真，以及洒脱自在的忽谑忽庄、臧否泾渭式的妙章奇篇？所以说，作为府谷清水人，从出生的那一刻起，我就被迫体验文化。正如我在《清水的庙》一文中所叙：

> 每天早起，院子里，不经意一抬头，就见玉帝楼高高在上，南门楼的风铃叮当。出到大门，城隍庙的山门耸峙，正对面的大戏台余音绕梁。下到旧城，龙王庙大院独进，过牌楼，东门楼外的老爷庙，连片成群。立于其上，清水河于脚底流过，对岸的观音殿森严，河这边萨寺庙古朴。放眼直北，大石山梁卧云处，寺院隐约，小石山梁的栈道明显，出没其间，神像、怪石、门楣高悬，壁画、凿顶、洞窟相携。
>
> 有人统计过，清水的庙宇达360间之多，就是不知道，那些设祭的公祠私堂，连同城楼上的神供仙位，算没算

在内。

总之，我设身处地感受到文化滋养，其实是将府谷文化的密码植根在了血液中，再经读书，让我从府谷文化的体验中认识到了中国文化、世界文化，以及人类文化史、文明史的演绎进程。这样的认知经历又返回到认识府谷文化。不然，我根本无法理解其文化的高度与深度。所以说，阅读中的读书和阅历是团扇的两个面。府谷是文化大县，地上地下文物遗迹众多，大家如果错过近在咫尺的文化体验，实在是叹息扼腕之恨事。故而我要强调身为府谷人勤踏访、善远足的重要性。祖国河山千千万，像府谷这样有黄河、有长城，上下不止五千年的文化奇葩之宝地极为少见。

当然，壮游不能忘记认真读书，读书一定要读好书。什么是好书？有思想、促思维、能励志的就是好书。要多读善思勤笔记，一本好书不一定一遍能读懂，提倡反复读，时刻在心，强于永远不懂。我读陈寅恪先生的《柳如是别传》，前后用时近二十年。先是不懂，难以续读，隔过一年或几年，我再展读，有所进步。如此间断不废，十几年过去，终于如饴在口，爱不释手，其愉悦犹入仙界，飘飘如醉乡忽惊忽喜，收获妙不可言。

好书在手，游历八极，写文章自然不在话下。只是，身为府谷写家，我一直提倡用我们当地口语中的精华字词、生动语式进行文章造句，效果绝对非凡。如明光泽烂、倔头堪脑、夹马流星、恼眉寡眼、嘴大舌张、立眉竖眼、半跄失步、趄头晃脑、崖塌水推、七倒八骨沦（骨沦，“滚”的反切）等，文辞优美且数不胜数。

2021 年 11 月 27 日